홍보야
울지 마라

베테랑 현직 논설위원이 알려주는 언론홍보법과 보도자료 작성 꿀팁

홍보야 울지 마라

김도운 지음

리더북스

머리말

홍보 때문에 울고 싶은 사람이 참 많다. 홍보가 잘 돼서 사람이 모여야 성공한 행사고, 홍보가 잘 돼서 사람들이 미친 듯이 물건을 사야 성공한 마케팅이다. 홍보가 잘 돼서 모두가 실효적 이익을 누리고, 그 효과를 칭찬하는 이들이 많아야 성공한 정책이다. 어떤 프로젝트가 되었든 홍보가 잘 돼야 진정한 성공에 도달할 수 있다. 그래서 홍보를 잘해야 하는데 어찌해야 할지를 몰라 냉가슴을 앓는 이들이 많다. 홍보의 원리를 이해하지 못하고, 접근방법을 모르기 때문이다. 홍보의 기본 로드맵을 이해하지 못해 무엇부터 어떻게 해야 할지 모르는 업무담당자는 울고 싶다. 냉가슴은 거기서 그치지 않는다. 그들이 끙끙거리며 작성했다지만 부실하기 짝이 없는 자료를 받아 그것을 기사로 작성해야 하는 기자들도 답답해서 울고 싶기는 마찬가지이다.

홍보가 중요하다고 하면서도 담당자에게 홍보는 늘 후순위일 뿐이다. 눈앞에 벌어지는 본연의 업무 진행에만 집착한다. 그러니 홍보가 잘 될 리가 없다. 연속적으로 기획 홍보를 해야 하는데, 당장 보도자료 한 장 작성하는 일이 녹록지 않다. 할 일은 산더미인데 홍보업무도 병행하려니 답답하다. 그래서 가장 쉬운 방법을 찾는다. 이전의 보도자료 파일을 꺼내 요령껏 날짜와 시간, 장소 등을 살짝 바꿔 영혼 없는 보도자료를 만든다. 그렇게 만든 보도자료는 사실 대중의 관심과는 거리가 먼 아주 진부한 내용이다. 거기서부터 홍보는 방향을 잃고 망망대해를 헤매기 시작한다. 이런 사례를 목격한 것이 한두 번이 아니다.

연수원 등에 출강하여 공무원을 상대로 '보도자료 작성'이나 '언론홍보법', '기자들의 특성' 등을 주제로 한 강의를 자주 해보았지만, 내가 원하는 만큼의 교육 효과를 얻어내는 데는 역부족이었다. 대개 한 과정당 단발성으로 2~3시간이 배정되는 데 그쳐, 그 시간에 아주 오랫동안 공무원 조직문화에 익숙해 있어 세상을 보는 시각의 각도와 크기가 굳어져 있는 이들의 마인드를 바꾸는 것은 어려웠다. 하지만 수년 전부터 한 지자체 연수원에서 10시간의 언론홍보 관련 강의를 배정해 줘 진행해 보니 사정은 달라졌다. 밀도 있게 설명해주고, 사례를 들어가며 실전 교육을 진행하니, 수강생들이 눈을 뜨기 시작했다. 그들은 확연히 달라졌다. 최소 10시간은 지나야 기사문에 눈을 뜨기 시작하는 것을 지켜보았다.

모든 공무원 교육과정에 언론홍보 강의를 많이 배정해 그들이 홍보에 눈을 뜨게 하고 지금과는 다른 방법으로 언론에 접근할 수 있게 해주면 좋겠지만, 정해진 시간에 많은 과목을 소화해야 하는 일정의 특성상 욕심을 부릴 수는 없는 일이다. 그래서 내가 하고 싶은 이야기를 책으로 엮어 세상에 내놓기로 했다. 그러면 많은 이들이 정보를 공유할 수 있을 것이란 생각을 했다. 공무원뿐 아니라 각종 공공기관 산하단체, 공기업이나 사회단체 등에도 유용할 것이라 생각했다. 특히 지자체와 지방기관을 겨냥한 홍보 관련 서적이 없어서 꼭 필요하다고 생각했다.

그래서 이 책이 탄생하게 되었다. 매일 계속되는 빼곡한 일정 속에 별도의 집필 시간을 내기가 쉽지 않았다. 하지만 꼭 필요한 책이 될 것이라는 확신을 가져 쉬고 싶고, 편하고 싶은 욕망을 걷어냈다. 언론인으로 청춘을 바쳤으니 관련 지식을 가지고 유용한 책을 출간하는 것이 의미 있는 일이라고 생각했다. 책을 집필하는 동안 '왜 진즉에 이런 책을 만들 생각을 못했나?' 싶은 만시지탄이 밀려왔다. 광역시·도를 취재와 구독 권역으로 하는 신문사에만 근무했으니 지방정부와 그 밖의 지방공공기관, 지방기업을 위주로 상대했다. 그래서 주 타깃을 지방공공기관으로 잡았다. 물론 중앙부처나 중앙공공기관 재직자들도 관할 범위만 다르니 도움이 될 것이다.

별것 아니지만 첫 장을 쓰면서부터 공공부문 서비스의 객체를 '국민'이라 할까, '주민'이라 할까, 그냥 '시민'이라 할까, 고민이 시작되었다. 그때그때 사안에 따라 국민이, 또는 주민이 맥락상 적절하지만 그렇다고 양자의 사용을 오가며 집필할 수는 없었다. 중앙부처가 정책을 세우면 그 범위가 전 국민에게 미치고, 지방정부가 정책을 마련하면 해당 지역 주민만 대상이 된다. 이 책은 주로 지방정부에 맞춰 주민이라는 표현을 쓰기로 했다. 사례도 지자체나 지방 단위 기관을 주로 들었다. 중앙정부와 지방정부는 각기 하는 일이 다를 뿐 상하 또는 우열의 개념이 아니다. 전국지와 지방지라는 구분 역시 상하나 우열로 구분할 수 있는 대상이 아니다.

이 책이 홍보에 대한 공무원의 의식을 바꾸고, 보다 주민 편에서 홍보가 이루어질 수 있도록 하는 데 도움이 된다면 더 바랄 것이 없다. 유명 작가의 상품성 있는 책이 아닌데 위험을 감수하고 책을 출간해주신 리더북스 대표와 제작에 직접 수고해주신 직원들께 깊은 감사를 드린다. 최일선의 민원현장에서 주민과 동고동락하며 애쓰고 있는 공직자에게 격려와 박수를 보낸다. 그들이 주민 편에서 일하는데 이 책이 작은 보탬이 되길 진심 바란다. 한 우물을 파는 것도 중요하지만 수맥이 있는 곳을 파야 한다. 얼마나 오랜 시간 샘을 팠는지는 중요하지 않다. 샘에서 물이 나오는 것이 중요하다. 이 책은 수맥을 찾아 주는 역할을 할 것이다. 세상에 유익한 책이 되길 바란다.

2020년 초여름 유성 省悟齋에서 김 도 운

차례

CHAPTER1

주민께 드리는 보고, 정책홍보

CHAPTER2

최저비용 최대효과 최고신뢰, 언론홍보

CHAPTER3

언론홍보는 기자 바로 알기부터

CHAPTER4

정책홍보의 출발점 보도자료

CHAPTER5

내가 알리고 싶은 것, 상대가 알고 싶은 것

CHAPTER1

주민께 드리는 보고, 정책홍보

01 보고할 의무, 보고받을 권리

국민은 국가에 권력을 위임했을 뿐

세상엔 권리와 의무가 존재한다. 이 양자는 보완적인 관계여서 누군가에게 권리인 것이 누군가에게 의무가 된다. 권리와 의무는 보완적이면서 상대적 개념이어서 상호 간의 대칭이 중요하다. 어느 한쪽이 강조되거나 무게중심이 쏠려 있으면 안 된다. 적절한 긴장관계를 유지하며 양자가 같이 존중돼야 한다. 대한민국 국민은 국가에 대해 행할 의무와 동시에 국가로부터 일정 권리를 부여받는다. 양자는 균형을 이루어야 한다. 지방정부와 주민의 관계도 마찬가지이다. 지역 주민으로서 의무와 동시에 권리도 주어진다. 누구에게도 의무나 권리가 일방적으로 주어지지 않는다.

권리와 의무의 상호관계는 이익사회 성격의 조직에서 더욱 뚜렷이 나타난다. 어느 모임에서 가입비, 연회비, 월회비 등의 납부 의무와 모임 참석 의무만 주어지고 식사나 기념품 등이 제공되지 않고 최소한의 발언권마저 주어지지 않는다면 그 모임에 지속해서 참여할 사람은 없다. 의무를 다한 만큼 권리를 누리고 싶어 하는 것은 당연하다. 의무를 다한 사람이 권리를 주장하는 것은 전혀 무리가 아니다. 그래서 국가나 지자체, 회사나 단체 등 어떤 형태를 막론하고 사람들의 모임이 이루어지면 해당 모임의 구성원은 그 조직 내에서 의무와 권리를 동시에 갖게 된다.

중앙정부의 경우 모든 국민, 지방정부의 경우 해당 지역 주민이 구성원이다. 그러니 구성원인 국민 또는 주민은 각각 의무와 권리를 갖고 있다. 국민은 국가에 납세와 교육, 근로, 국방의 의무를 부여받는다. 또한, 국민은 자신이 가진 국민으로서의 권력을 국가에 위임한다. 그 결과 국가는 국민이 납부하는 세금을 징수하고 각종 국가권력을 행사하게 된다. 지방정부와 주민 간의 관계도 그 원리가 같다. 공무원이라는 존재는 개인적으로는 국민의 한 사람이지만 국가를 대신하여 정해진 법에 따라 행정을 집행하는 역할을 한다. 공무원은 국가를 대신하여 국민에게 행정의 편의를 제공할 의무를 갖는다.

국가직이 됐든, 지방직이 됐든 공무원이 국민에게 시행해야 할 서비스는 참으로 포괄적이다. 그중 중요한 한 가지가 바로 자신이 하는 일을 소상히 알리는 일이다. 그것은 공무원의 의무이다. 국민으로서는 당연히 받아야 할 권리이다. 아주 쉽게 설명하면 내가 낸 세금이 내가 원하는 방향으로 나를 위해서 잘 쓰이고 있는지를 보고받을 권리가 있다는 것이다. 모임의 총무나 재무가 회비의 사용 내역과 각 행사의 결과를 회원에게 보고하는 것과 같은 이치이다. 특히 국민은 자신이 낸 세금이 자신을 위해 유용하게 사용되는지에 지대한 관심을 두고 있다. 공무원은 그 의문을 속 시원히 풀어줄 의무가 있다.

주민은 상관 위에 있음을 명심하라

상당수 공무원은 자신이 부여받은 업무와 관련해 자신의 상관에게만 보고하면 된다고 생각한다. 또는 주민의 대표기구인 의회와 의원에게 보고하면 되는 것으로 착각한다. 정작 가장 중요한 보고의 대상이 주민이라는 사실을 망각한다. 특히 상관에게 보고하는 일에 모든 관심을 집중한다. 의회에 대한 보고도 요청받은 자료를 제공하는 데 그친다. 능동적으로 자료를 제공하려는 생각은 여간해서 하지 않는다. 의회가 주민의 대표기구이기 때문에 당연히 그들에게 보고하고 자문받고, 평가받아야 한다는 사실을 크게 염두에 두지 않는다.

그렇다면 주민에게 정책을 보고하는 길은 무엇일까? 실상 그 방법은 무수히 많다. 포스터나 현수막 등을 제작해 게첩(揭帖)하거나, 소책자나 카탈로그 등을 제작해 배포하는 방법이 있다. 토론회나 주민설명회 등을 개최하는 것도 널리 활용되는 방법이다. 하지만 여러 가지 중 가장 쉽고, 빠르고, 정확하고, 효과적인 방법은 바로 언론을 활용하는 것이다. 즉 언론매체를 활용하는 것은 가장 저비용 고효율을 누릴 수 있는 정책의 홍보방법이다. 언론을 이용하는 길은 다양하지만 가장 손쉽고 효율적인 방법은 보도자료를 작성하여 배포(Release)하는 것이다. 그러니 보도자료를 제때 작성해서, 정확하게 배포하는 것은 공무원들이 파악하고 있어야 할 기본 업무이다.

국민은 언론 보도를 통해 국가나 지방자치단체 등이 추진하는 정책을 알게 된다. 추진되는 정책에 따라, 내 생활에 어떤 변화가 동반될지에 대해 알게 된다. 아무리 좋은 정책이 마련돼도 수혜자인 주민이 알지 못한다면 아무런 소용이 없다. 공공기관이 업무를 추진할 수 있는 권한을 부여해 준 이들이 주민이다. 업무를 추진할 수 있도록 재원을 마련해 준 이들이 주민이다. 공공기관도 공무원도 모두 주민을 위해 존재한다. 그러니 공무원은 주민에게 크고 작은 정책을 소상히 알릴 의무가 있다. 주민은 새롭게 마련된 정책의 방향, 이미 진행 중인 정책의 상황을 알 권리가 있다. 마무리된 정책도 그 성패를 파악할 권리가 있다. '국민의 알 권리'는 근래 들어 아주 포괄적으로, 아주 중요하게 다뤄지고 있다.

02
주민은 무엇을 궁금해할까

주민의 관점에서 생각하기

20년 넘게 민생과 민원의 현장을 누비며 국민의 알 권리를 충족시키기 위해 발품을 팔았다. 또한, 각 기관과 기업에서 제공되는 갖가지 형태의 보도자료를 받아보고 기사로 작성했다. 맡은 업무에 따라 차이는 날 수 있지만 기자는 하루에도 수십 건의 보도자료를 받는다. 기자는 방대한 분량의 보도자료를 처리하여 지면이나 온라인, 또는 방송에 보도되도록 한다. 기자가 한결같이 느낀 바는 보도자료에 실린 내용이 주민이 알고 싶어 하고 관심 있어 하는 내용을 벗어나 있는 경우가 많다는 사실이다.

일단 기자도 주민이고 정책의 수혜자이다. 기자는 기관이 배포하는 정책홍보용 보도자료를 가장 먼저 접하는 주민이다. 기자가 주민의 시각으로 공공기관이 보내온 보도자료를 접해보면 대부분이 낙제점 수준이다. 아주 드물게 주민의 궁금증을 일시에 해소해줄 수 있는 좋은 자료가 전달되는 예도 있지만 그렇지 못한 경우가 대부분이다. 이처럼 명쾌하지 않은 보도자료가 발송되는 것은 정책을 개발해서 내용을 전달하는 자와 정책의 수혜자이면서 내용을 전달받는 자의 관점이 다르기 때문이다. 다시 말해서 주민의 생각이 반영되지 않은 전달자 중심의 자료가 배포되는 경우가 많기 때문이다.

공무원과 전혀 다른 주민의 관심사

어느 지역에 주민체육관이 준공돼 관련 보도자료가 배포된다고 하자. 정보를 제공하는 자와 정보를 받는 자 간의 관점 차이를 예시해보자. 우선 보도자료를 작성해 언론매체에 뿌리는 시점에 대한 차이에서 간극이 생긴다. 공무원의 경우, 형식을 중시하기 때문에 개관식을 하는 날이 보도자료를 배포하는 디데이(D-Day)가 돼야 한다고 생각한다. 실제 준공을 해서 이용이 시작된 이후 적게는 수일에서 많게는 수주가 지났어도, 이를 근거로 보도자료를 발송하지 않는다. 기관장을 비롯한 요인들이 참석하는 개관기념식을 하지 않았으면 개관은 의미가 없다고 생각한다.

기관장과 정치 인사 등을 초청해 축사와 격려사를 듣고, 개관을 알리는 테이프 커팅을 하고, 사진을 찍어야 보도자료로서 가치가 있다고 생각한다. 그래서 기관장과 정치인들이 시간을 낼 수 있는 날을 개관식으로 잡고, 그 행사 내용을 보도자료에 담아내려고 한다. 그러나 주민의 생각은 전혀 다르다. 준공이 언제이고 내가 실제 이용할 수 있는 개관일이 언제인지에 주목한다. 개관식에는 별 관심이 없다. 개관식을 한다는 사실을 알게 됐다면 그날 정상적으로 시설을 이용할 수 있는지, 주차공간이 좁아 주차

하지 못하게 되지나 않을지 등에 신경 쓴다.

보도자료에 담는 내용이 무엇이어야 할지에 대해 공무원과 주민은 더욱 극명한 차이를 보인다. 공무원은 앞서 밝힌 대로 개관식이라는 행사 자체에 집중한다. 특히 기관장이 누가 참석하고, 정치인이 누가 참석하는지에 온통 신경이 가 있다. 또한, 그들에 대한 의전을 어떻게 해야 할지에 모든 관심이 집중돼 있다. 그다음은 행사의 무료함을 달래기 위해 출연을 요청한 공연단의 활동에 집중한다. 그다음으로 신경 쓰는 것은 관람석, 객석에 얼마나 많은 주민이 참여해 자리를 채워주는가이다. 사전에 인원 동원을 약속한 단체에서 약속한 인원을 실제로 보내왔는지, 무대에서 볼 때 객석이 꽉 차 보이는지 아닌지에 집중한다.

자기중심으로 가치를 부여하는 주민들

사정이 이렇다 보니 보도자료에 관심사가 그대로 반영된다. 대개의 공무원이 보도자료를 작성하면서 가장 염두에 두는 부분은 정치인과 기관장의 참석 여부이다. 공무원은 기관장과 정치인 등이 다수 참석하고 그들 중 어느 한 명도 서운한 마음을 갖지 않도록 의전을 잘하면 성공한 행사라고 판단한다. 또한, 공연이 잘 이루어지고, 사회자가 실수 없이 진행을 매끄럽게 하는지 아닌지도 관심이다. 이밖에 얼마나 많은 주민이 자리를 채웠는지 신경 쓴다. 보도자료를 받아보면 그 마음이 그대로 드러난다. 누가 참석하였고, 무슨 공연이 펼쳐졌고, 참석자는 몇 명이었다는 내용이 보도자료 내용의 대부분이다. 그것이 중요하다고 생각하니 보도자료에 그 내용을 담는다.

하지만 주민의 입장은 전혀 다르다. 주민은 행사 자체에 주목하지 않는다. 개관식 등의 행사는 안 해도 되고, 하더라도 그저 관계자 몇 명이 조촐하게 하면 된다고 생각한다. 다과 서비스를 받거나 수건 등의 기념품을 받는 일이 없다면 주민은 그나마 아무런 관심을 두지 않는다. 기관장이나 정치인의 참석도 관심 밖이다. 주민은 내가 표심을 행사해 기관장을 만들어주고, 의원을 만들어 줬으니 그들을 받들어 모실 필요가 없다고 생각한다. 행사는 따분하고 지루할 뿐 아니라 대단히 소모적인 요식행위에 불과하다고 생각한다.

공무원이 관심을 두는 부분에는 전혀 관심이 없고, 전혀 다른 사안에 관심을 둔다. 주민은 체육관이 개관한다면 언제부터 이용할 수 있나, 휴관은 언제인가, 요금은 얼마인가, 무슨 시설이 갖춰져 있나, 주차장은 얼마나 확보돼 있고 주차요금은 얼마인가, 식사나 간식을 해결할 수 있는 공간과 시설은 갖춰져 있는가, 셔틀버스를 운행하는가, 셔틀버스가 있다면 노선은 어떠한가, 몇 시에 개장해서 몇 시에 문을 닫는가, 경로나 청소년 할인은 얼마나 되는가 등의 실질적인 내용을 궁금해한다. 그래서 언론매체 등을 통해 그러한 정보가 제공되기를 바란다.

정보의 공급자와 수용자가 전혀 다른 생각을 하는 것이다. 부조화의 극치이다. 주민은 종아리가 가려운데 공무원은 등을 긁어주며 "시원하지?"라고 묻고 있는 꼴이다. 자신이 관심을 두고 있는 부분이 곧 주민이 관심을 두는 분야라고 착각하고 있다. 기관으로부터 보도자료를 받아 가공하여 매체에 보도하는 임무를 수행하는 기자는 답답함을 느낀다. 주민이 원

Bad 잘못된 보도자료

한강구민체육관 개관식 갖고 본격 운영

200억 들여 2년 6개월 만에 준공

한강구는 1일 백두산 한강구청장과 한라산 국회의원, 지리산 한강구의회의장 등 지역 내 기관장과 요인들이 참석한 가운데 한강구민체육관 개관식을 했다.

한강구민체육관은 영산동 11-4 일원 3만 1000㎡의 부지 위에 200억 원의 사업비를 들여 착공 2년 6개월 만에 완공되었다.

이번에 준공된 구민체육관은 배구와 농구, 배드민턴 등의 경기가 가능한 체육관과 함께 국제규격의 실내수영장, 2면의 실내풋살장, 탈의실과 휴게실, 매점 등을 고루 갖춘 현대식 시설로 주민들의 건전한 여가생활에 큰 도움을 줄 것으로 기대된다.

한강구는 구민들의 체력증진과 삶의 질 향상을 위해 체육관 건립이 필요하다는 판단에 따라 체육관 건립을 추진했고, 사업을 추진한 지 5년여 만에 준공의 결실을 보았다.

백두산 한강구청장은 "어느 지역에도 뒤지지 않을 초현대식 체육관이 준공된 것을 30만 구민과 더불어 기쁘게 생각한다"며 "주민 숙원사업으로 남아있는 실내 아이스링크 건설과 30면 이상의 국제규격 테니스장을 조속히 준공하겠다"고 약속했다.

Good 올바른 보도자료

"이제 배드민턴 우리 동네에서 쳐요"

한강구민체육관 준공 … 주민 이동 불편 해소

한강구 주민이 체육활동을 위해 이제 더 인접한 금강구나 낙동구로 원정을 다니지 않게 됐다.

배구와 농구, 배드민턴 등 코트 경기를 할 수 있는 체육관과 국제규격의 실내수영장, 실내풋살장 등의 시설을 고루 갖춘 한강구민체육관이 1일 준공돼 구민의 품에 안겼다.

영산동 11-4 일원에 개관한 한강구민체육관은 체력측정센터와 매점과 휴게실 등의 편의시설을 갖춘 초현대식 건물로 한강구민이라면 누구나 이용할 수 있다.

체육관은 휴관일인 매주 월요일을 제외하고 매일 새벽 5시부터 밤 10시까지 이용할 수 있고, 한강구민은 정액 이용료의 50%에 이용할 수 있다.

수영의 경우 화요일부터 금요일까지 개인지도 강습이 이루어지고 토요일과 일요일은 자유수영으로 운영된다. 체육관과 풋살장 등은 한강구청 홈페이지에 접속해 사전 신청하면 이용할 수 있다.

별도의 셔틀버스는 운행하지 않고, 한강학생회관 앞 버스정류장에서 내려 도보로 2분이면 다다를 수 있다. 주차장은 지하와 지상에 모두 80면 설치돼 있다.

기타 체육관 이용과 관련한 자세한 내용은 한강구청 홈페이지에 접속하면 안내받을 수 있다.

하는 바가 이것이 아니란 걸 아는데 기관은 늘 기관장과 정치인의 구미에 맞는 행사를 치르고, 그 내용을 전달하는 것이 주민의 알 권리를 충족시켜 주는 일이라고 착각하고 있으니 답답할 노릇이다.

03
관료주의 사고 뛰어넘기

관료주의에서 벗어나야 보이는 것들

참으로 오랜 기간에 걸쳐 많은 공무원을 접촉하며 살았으니 그들의 특성을 아는 것은 당연하다. 다른 집단과 비교해 공무원이 갖는 특징은 참으로 많다. 긍정적인 요소도 많고, 부정적인 요소도 많다. 공무원이란 직업을 선택한 사람은 대개 성실하고 근면한 성격을 가졌다. 그들의 부모나 가까운 친인척이 공무원인 경우가 많다. 다른 직종도 마찬가지겠지만 어려서부터 공무원 집안의 환경에서 자란 경우, 공무원이란 직업을 선택할 확률이 높다. 성실한 분위기 속에서 자란 경우가 많고, 공조직에 입문하면 전체적인 분위기가 그러하니 더욱 성실해진다. 공조직의 특성상 성실하지 않고 예의 바르지 않으면 견뎌낼 수가 없다. 그래서 전체적으로 공무원은 성실하고 고지식하다.

그러나 그것이 지나치다 보면 문제가 된다. 난 그것을 관료주의(官僚主義)라고 표현한다. 관료주의라는 말을 사전에서 그대로 옮겨 적으면 '관료

사회에 만연해 있는 독선적, 형식적, 획일적, 억압적, 비민주적 행동 양식이나 사고방식'이다. 한국의 조직문화는 대단히 수직적이라는 특성을 갖는다. 사기업이나 단체 등도 수직적 문화가 만연해 있지만, 공직사회와 비교할 바는 못 된다. 공무원 조직은 대단히 수직적으로 서열화돼 있다. 이에 대해 공무원은 "우리만 그런가? 대한민국 조직이 다 그렇지 않은가? 사기업은 더하다고 하던데?"라고 말한다. 하지만 공·사조직을 두루 경험한 내 관점에서 보면 공무원처럼 수직화돼 있는 집단은 없다.

수직문화가 문제다

처음 입문해서 얼마 동안은 그런 문화가 숨막히고 답답할지 모르지만, 수년이 지나면 자신도 모르게 그 문화 속에 깊이 빠져든다. 그래서 나중에는 자신이 관료주의적 사고에 함몰돼 있다는 사실을 각인하지 못한다. 오히려 그런 문화가 익숙해서 편하고 합리적이라는 생각까지 하게 된다. 자신의 연차가 쌓이고 직급이 올라가면서 점점 높은 지위와 큰 권한이 생기고 경제적으로도 안정되면, 불합리하다고 생각했던 조직문화 하나하나가 합리적이고 온당하다고 생각이 바뀐다. 그래서 늘 하위직은 움츠러들어 있고 일정 직급이 되면 그때부터 조금씩 말과 행동이 자유로워진다. 상사에게 말대답하거나 지시에 불응하는 것은 그들에게 있을 수 없는 일이다.

회식할 때도 앉는 자리가 가운데로부터 내림차순으로 정해지고, 하급직은 일방적으로 듣기만 할 뿐 여간해 발언하지 않는다. 물론 퇴근도 고위직부터 차례로 한다. 모든 것이 직급 순서대로 이루어진다. 그것이 관료주의 문화라고 생각하지 않는다. 세상 모든 조직은 다 그러하다고 믿고 있다. 상급자에 대한 예우가 이 정도인데 하물며 최종 인사권자인 기관장에 대한 예우는 어떠하겠는가. 공무원은 항상 일할 때 기관장의 처지에서 생각하고, 시간을 맞추고, 그가 좋아할지 싫어할지를 고려한다. 그래서 기관장이 한 명 바뀌면 그 조직의 문화가 크게 변화한다.

공무원은 모든 사람을 대할 때도 그 사람의 직급이나 직위를 생각하는 버릇이 있다. 예컨대 같은 공무원이라도 직급체계가 다른 타 조직의 공무원도 자신의 직급체계에 대입해 어느 정도 위치인가를 따져보고 거기에 맞게 예우하려 한다. 하위직일 때 다소 불편하고 불이익을 받더라도 고위직이 되면 보상받을 수 있다는 강한 보상심리를 갖고 있다. 이런 분위기 속에 공무원은 자연스럽게 승진과 인사에 집착한다. 승진은 공무원에게 있어 무엇과도 바꿀 수 없는 가치이다. 인사도 이와 연관돼 있어 승진하려면 승진할 수 있는 자리로 가야 한다고 생각한다. 그래서 같은 직급이라도 우열이 생긴다. 인사를 앞두고 며칠씩 술렁거리는 것도, 승진 대상자로 지목됐지만, 최종 결과 승진에서 누락되면 며칠간 충격에서 헤어나지 못한다.

공무원과 같이 식사를 하거나 술이나 차를 마시며 대화를 할 때 일정 시간이 지나면 대화의 소재가 승진으로 연결된다. 처음에는 날씨 이야기도 하고 정세에 대해 이야기도 한다. 가족에 관한 이야기를 나누기도 한다. 그러나 대화가 5분만 지나면 어느새 승진 또는 인사에 관한 이야기로 바뀐다. 동료 공무원 누가 얼마나 관운이 좋아 초고속 승진을 했는지, 또는 그 반대로 누가 불행하게도 승진을 못 하게 됐는지에 대해 이야기한다. 직렬별로 승진 가능성에 관해 이야기하기도 하고, 누가 누구보다 대기서열이 높은지 낮은지 등을 이야기한다. 그만큼 승진에 대한 집착과 스트레스가 심하기 때문이다.

공직 내부의 모든 생활에 관료주의 문화가 깊이 각인돼 있다 보니 업무 활동에도 그대로 드러난다. 기자의 경우, 관공서에서 제공되는 보도자료를 받아보면 그러한 문화를 단번에 느낀다. 물론 제공자인 공무원은 그걸 잘 모른다. 보도자료의 초점이 정책홍보에 맞춰져 있다기보다는 기관장 홍보에 무게중심이 가 있는 경우가 의외로 많다. 기관장 홍보가 아닌 정책 홍보인 것처럼 보이게 하려고 노력하지만, 전문가인 기자의 눈을 속일 수는 없다. 아주 가끔은 정말 피부가 오글거릴 만큼 역겹게 노골적으로 기관장을 홍보하기도 한다. 보도자료를 작성하는 실무자는 결재 라인인 팀장-과장-국장이 그렇게 작성해야 좋아한다고 생각한다. 그래서 자꾸 글의 방향이 자신도 모르게 그쪽으로 흘러가는 것이다.

기자는 공직사회를 가장 가까운 거리에서 지켜보는 비공무원이다. 기자는 객관적 시각으로 세상을 보는 일이 일상화돼 있다. 오랜 기자 생활 경험을 바탕으로 충언한다면 정책을 홍보하고자 할 때는 보다 냉철한 가슴으로 정책의 수혜자인 주민을 바라보아야 한다. 그들이 궁금한 것이 무엇일지를 생각해야 한다. 주민이 비록 인사나 승진에 결정적 작용을 하는 위치에 있지는 않지만, 공무원은 그들을 위해 존재하는 신분임을 잊지 말아야 한다. 주민의 관점에서 행정을 펴다 보면 자연스럽게 호의적 여론이 쌓여 기관 홍보가 되고 나아가 기관장 홍보가 되는 것임을 알아야 한다. 나아가 주민을 위해 일하는 습관이 몸에 익어야 그것이 주변에 널리 알려져 훗날 승진의 기회를 맞게 될 것이다.

학교가 더하더라

스포츠 담당 기자로 일할 때의 일화를 소개한다. 초·중·고교가 육성하는 학교 체육팀을 탐방하는 기사를 연재하기 위해 꽤 여러 학교를 방문했다. 사전에 팀 감독교사에게 연락해 시간을 정하고 학교를 방문했다. 그들은 어김없이 나를 교장실로 데리고 갔다. 학교에 왔으니 교장께 인사를 드려야 한다는 것이다. 거기까지는 좋았다. 그런데 대부분의 교장은 내가 학교를 방문한 목적과 상관없는 학교 현황을 브리핑했다. 심지어는 학교 구석구석을 안내하며 시설 자랑을 하거나 자신의 치적을 설명했다. 시간이 없다며 얼른 취재하고 다음 일정을 위해 나서야 한다고 말해도 그들은 한결같이 "잠깐이면 된다."며 기어이 자신이 원하는 학교 설명과 자랑을 마친 후에 담당 교사에게 시간을 준다.

팀을 맡은 감독교사와 인터뷰를 하며 팀의 운영방법과 훈련량, 역대 대회 전적, 팀의 에이스 활약 등에 대해 취재를 하다 보면 그들은 한결같은 대답을 한다. "저는 한 게 없어요. 다 우리 교장선생님께서 하신 거예요. 우리 교장선생님이 얼마나 신경 써주시고 지원을 해주시는지 몰라요. 다 교장선생님 덕분이에요." 무슨 질문을 해도 거의 같은 답변을 한다. 기자가 궁금한 내용과는 전혀 동떨어진 대답을 한다. 그러면서 부탁한다. "기사를 쓰실 때 꼭 우리 교장선생님 위주로 써주세요." 이런 문화에 익숙하지 않은 기자로서는 황당하기 짝이 없다. 그들의 주문대로 기사를 쓴다면 그건 스포츠 기사가 아니다. 또한, 학교 체육팀 관련 기사가 모두 같은 내용이 된다.

마지막으로 황당한 일을 한 번 더 겪게 된다. 취재를 마치고 선수의 사진 촬영을 위해 담당 교사에게 학생들이 유니폼 입고 모일 수 있게 해달라고 부탁하면 그 교사는 교장, 교감, 체육부장 등 자신의 결재 라인에 있는 모든 이들을 모시고 온다. 함께 사진을 찍는 게 당연하다고 생각한다. 정작 선수는 서너 명인데 교사집단이 더 많은 상황이 벌어진다. 역동적인 선수의 활동사진이나 결연한 의지를 표출하는 단체 사진이 아니라 양복 입고 서 있는 교사집단이 주가 되는 원치 않는 사진이 확보된다. 이미 관료주의 문화에 길든 이들에게는 당연한 일인지 몰라도 외부인의 시각으로 공공기관을 보면 참으로 이해가 안 되는 부분이 많다.

04 껍데기와 알맹이 구분하기

진짜 수박은 속살

수박을 예로 들어보자. 일반적으로 사람들은 '수박'이란 말을 들으면 공 모양으로 둥근 통에 옅은 녹색과 진한 녹색이 줄무늬를 이루는 외형을 머릿속에 그려낸다. 그러나 어떤 이는 칼로 썰어 먹기 좋은 크기로 분해돼 빨간 속살을 드러낸 수박을 떠올린다. 아니면 화채 그릇에 정육면체 모양으로 담겨있는 수박의 모습을 떠올린다. 그렇다면 어느 것이 진짜 수박일까? 어느 것 하나 수박이 아니라고 말할 수 없다. 그러나 수박의 본질이 무엇인지 생각하면 조금 다른 답을 구할 수 있다. 수박이 단순히 둥근 외형을 갖춘 관상용 물체가 아니라 껍데기 안에 수분과 당분이라는 본질이 다량 함유된 과채라는 사실을 고려하면 생각의 틀은 바뀌게 된다.

기자는 어떤 사건이나 현상을 볼 때 그 내면에 감춰진 본질을 찾아내려는 강한 집착을 보인다. 현상이나 사건이 갖는 본질은 무엇이며 그것이 어떤 파생 효과를 낼 것인지를 예측하려 한다. 그것을 저널리즘(Journalism)

이라고 표현한다. 저널리즘에 입각해 분석적으로 현상이나 사건이 담고 있는 의미를 글로 표현하고자 한다. 그러니 수박을 예로 들면, 수박의 껍질에는 별 관심이 없다. 어차피 먹을 수 없는 것이기 때문이다. 감춰져 있지만 먹어야 할 대상은 수박의 빨간 속살이라고 생각해 그 속살의 상태에 관심을 둔다. 아삭한 식감은 살아있는지, 냉장이 잘 돼 시원한지, 당도는 높은지, 씨가 너무 많아서 먹기에 불편하지는 않은지 등등을 살피고자 한다.

기관으로부터 보도자료를 받아보면 알맹이는 오간 데 없고 온통 껍데기로 가득한 경우가 의외로 많다. 먹을 것에 대한 소개는 없고, 온통 눈에 보이는 외형에 대한 안내 일색인 자료가 의외로 많다. 이런 자료의 경우, 뉴스로 매체에 반영될 확률이 낮다. 알맹이를 잘 찾아서 의미 있는 자료로 만들어 뿌렸으면 주요기사로 비중 있게 다뤄질 수 있는데, 껍데기만 기록한 자료로 만들어지면 뉴스로서의 가치가 없다. 그러니 의미와 향후 주민생활에 미칠 영향 등의 알맹이를 발굴해 자료화해야 한다. 주민은 행정을 바라보는 시선이 냉정하고 자기중심적이다. 공무원의 눈에 중요한 일도 주민의 눈에는 중요하지 않은 것들이 있다. 이런 내용이 자료화되면 주민은 반응하지 않는다. 기자는 그 반응 여부를 미리 저울질해 뉴스의 중량을 계량한다.

알맹이가 없는 자료의 전형은 모든 내용을 행사로 처리하는 유형이다. 초등학생이 일기를 쓸 때 하루에 일어난 일을 시간순으로 적어 내려가듯 상당수 보도자료는 그날 이루어진 행사를 시간 순서대로 나열한다. 예를 들어 어느 시의 A 지점과 B 지점을 연결하는 도로가 개설됐다고 가정을 하자. 시는 시장의 일정을 고려해 개통식 날짜를 잡을 것이고, 바로 그 날짜에 행사 내용을 담은 보도자료를 작성해서 뿌릴 것이다. 이것이 껍데기다. 겉으로 보이는 행사에 초점을 맞춰 만든 자료가 바로 알맹이 없는 껍데기 자료이다. 시간 순서대로 누가 축사를 하고, 누가 격려사를 하고, 어느 정치인이 참석했는지, 어느 예술단이 축하 공연을 했는지는 주민의 관심사가 아니다.

본질과 핵심 따라잡기

주민은 냉정하게 자신의 처지에서 도로의 개통을 바라본다. '언제부터 새 도로로 다닐 수 있나?', '종전에 몇 분 걸리던 길을 몇 분에 갈 수 있나?', '이 도로가 개설되면 교통량 분산효과가 나타나는 도로는 어디인가?', '이 도로와 연계해 B 지점과 C 지점을 연결하는 도로는 언제 개설할 계획인가?' 등에 관심을 둔다. 개통식에 누가 참석했는지, 어느 예술단이 무슨 공연을 했는지, 도로를 개설하는 데 누가 정치력을 발휘해 중앙정부에서 재원을 끌어왔는지 등에도 관심이 없다. 이 도로가 언제부터 이용할 수 있고, 종전보다 얼마나 편리한지에만 관심을 둔다. 그러니 보도자료에는 그런 내용을 담아주어야 한다. 그래야 알맹이로 가득한 자료가 된다.

언론 보도를 위한 자료를 만드는 일뿐 아니라 공무원은 무슨 일을 하든 주민을 생각해야 한다. 상관을 바라보며 일을 하는 것은 앞서 지적한 관료주의적 사고이다. 관료주의 사고에 길들면 알맹이를 제대로 볼 수 없다. 공직사회는 무슨 일을 하든 의전에 가장 많이 신경을 쓰고, 기관장의 동정에 관심을 집중한다. 그러다 보니 정작 주인이라 할 수 있는 주민이 눈에

Bad 잘못된 보도자료

동해동과 서해동 잇는 우회도로 3년 만에 개통

각계 요인 참석 개통식 갖고 축하 한마당

동해동에서 남해동을 거치지 않고 서해동으로 곧바로 연결하는 해통대로 개통식이 백두산 금강시장과 한라산 금강시의회의장, 설악산 금강교육장 등 주요 인사가 참석한 가운데 1일 개통 현장에서 열렸다.

시비와 국비 각 1000억 원씩 모두 2000억 원을 들여 지난 2000년부터 만 3년에 걸쳐 진행된 이번 도로 개설 공사는 국내 굴지의 건설사인 네모토건과 세모종합건설이 시공을 맡았다.

해통대로 개설을 위해 백두산 금강시장과 지역구 속리산 국회의원 등이 기획재정부와 국토교통부, 국회 국토교통위원회 등을 수차례 방문하며 설득 작업을 벌여 예산을 확보했다. 당시 주민 서명운동도 진행돼 시는 10만 명의 서명을 확보해 소관 부처에 전달하기도 했다.

개통기념식에는 주민 300여 명도 참석해 축하의 분위기를 함께 나눴다.

이번 도로가 개통됨에 따라 종전 18㎞이던 동해동에서 서해동까지 거리는 4.5㎞로 대폭 단축됐다.

금강시는 이 도로의 개통으로 20분 넘게 소요되던 동해동에서 서해동까지 종전 이동 시간이 4분대로 줄어들 것으로 전망하고 있다.

백두산 금강시장은 "이번 해통대로 개설로 금강시의 대표적 체증 구간이던 동해동에서 서해동까지 구간의 이동 여건이 대폭 개선될 전망"이라며 "시는 앞으로도 주민의 교통편의를 위해 최선의 노력을 기울여 나갈 것"이라고 약속했다.

Good 올바른 보도자료

출근길 교통지옥 이젠 옛말 새 도로로 '쌩쌩'

동해동~서해동 구간 해통대로 2일 자정 기해 개통

동해동에서 남해동을 거치지 않고 곧바로 서해동에 이를 수 있는 해통대로가 2일 자정을 기해 공식 개통됨에 따라 매일 출퇴근 시간대 병목현상으로 인해 20분 넘게 소요되던 양 지역 간 이동이 4분대로 줄어들게 됐다. 이동 거리도 종전 18㎞이던 것이 4.5㎞로 대폭 단축됐다.

인근 산업단지 개발과 1만여 세대의 아파트 단지 입주로 교통 수요가 늘며 만성 체증이 발생한 이 구간의 문제 해결을 위해 금강시는 지난 2008년부터 지역 국회의원들과 공조해 정부 관련 부처 설득 작업을 벌여 사업비 2000억 원을 확보했다.

시는 1개월간 교통량과 차량의 주행시간 등을 조사한 뒤 자료를 근거로 시내버스 등 대중교통 체계도 손질할 예정이다.

이 구간을 매일 출퇴근하는 주민 낙동강(40·금강시 서해동) 씨는 "달리 우회할 길도 없이 매일 아침 체증에 시달려야 했는데 해통대로가 개통됨에 따라 출근과 퇴근 시간에 각각 15~20분의 여유 시간을 갖게 됐다"며 "교통표지판 등 미흡한 시설을 조속히 완비해 안전하게 도로를 이용할 수 있도록 해주었으면 좋겠다"고 말했다.

안 들어오는 것이다. 주민이 눈에 들어와야 한다. 그래야 주민 중심으로 생각하게 되고 자료를 만들 때도 주민 중심으로 만들게 된다. 그런 생각을 기반으로 자료를 만들어 보내면 기자는 만족스러워하고 그 자료로 주요기사를 만든다. 이 간단한 법칙만 알면 홍보는 절반의 성공을 이룬 셈이다.

사례를 추가해 지자체인 백두시가 3일간의 일정으로 시민체육대회를 개최한다고 가정하자. 공무원은 첫날 진행될 개막식에 모든 역량을 집중한다. 사실 개막식은 시작을 알리는 행사일 뿐이고 본질은 아니다. 본질은 주민이 얼마나 참여하는가, 주민이 얼마나 즐거운가, 이 행사가 주민의 화합과 자긍심 고취에 얼마나 기여했나 등이라 할 수 있다. 하지만 공무원은 정·관계 인사들이 대거 참석하는 개막식을 얼마나 성대하게 치러낼 것인가에 집중한다. 요인들이 누가 참석할 것인지에 가장 큰 관심을 둔다. 그 이후에 어떻게 관중석을 가득 메울 수 있는지를 걱정한다. 그래서 주민센터별로 할당 인원을 배정하기도 하고, 수백만 원의 출연료를 지불해 연예인을 출연시키기도 한다.

개막식에 어마어마한 예산을 집행하고 모든 행정에너지를 집중한다. 그것이 보도자료를 통해 그대로 드러난다. 보도자료에는 어느 요인이 참석했고, 그들이 축사에서 무슨 말을 했는지 기록한다. 곁들여 누가 출연해 무슨 공연을 했다는 내용을 기록한다. 기자의 눈으로 볼 때는 모두 껍데기에 불과한 행사일 뿐이다. 기자는 시민체육대회가 주민에게 어떤 의미인지 주목한다. 예년의 대회와 달리 이번 대회에서 달라지는 것은 무엇이고, 소외계층이나 사회적 약자의 참여 확대를 위해 어떤 기획을 했는지 등에 집중한다. 개막식은 하나의 요식행위에 불과하다고 생각한다. 하지만 공무원은 개막식이 끝나면 사실상 절반 이상의 행사가 끝났다고 생각한다.

기자의 관심은 표면이 아닌 내면

기자는 이렇게 쓴다. '지난해까지 장애인과 비장애인으로 이원화돼 치러지던 백두시민체육대회가 처음 통합체전으로 개최된 가운데 첫 대회가 1일 개막식을 시작으로 3일간의 레이스에 돌입했다.'와 같은 방식으로 리드문을 잡는다. 그러고는 대회 일정과 경기 방식, 종전 대회와 달라진 점, 눈여겨볼 만한 경기, 이색 출연자, 지역경제 파급효과, 이주외국인이나 외국인노동자 또는 장애인이나 저소득층 등 사회적 약자의 참여, 최고령 또는 최연소 출전자, 연속 출전 기록자, 가족 출전자, 인생역전 출전자 등의 이야깃거리를 찾아 소개한다. 특히 전체적으로 주민 참여를 확대할 특별한 정책이 마련됐는지 또는 지역 내 기념할 만한 행사와 연결되는 의미가 있는지 등을 찾는다. 행사를 기획하고 준비한 공무원과 전혀 다른 시각으로 시민잔치를 살펴본다.

모든 정책은 그 정책이 갖는 의미가 있다. 협약식, 개막식, 출정식, 체결식, 설명회, 발표회 등 모든 행사는 본질이 아니다. 외형이고 껍데기이다. 중요한 것은 그 정책으로 인해 주민이 얼마나 혜택을 입을 수 있고, 주민이 얼마나 만족하는지의 여부이다. 정책의 주인공은 늘 주민이다. 기관은 모든 이야기의 중심에 주민을 두어야 한다. 기관장이 중심에 서는 순간 그 보도자료는 생명력을 잃는다. 이 점 하나만 정확히 깨우쳐도 기관의 홍보는 성공할 수 있다.

Bad 잘못된 보도자료

금강시민체육대회 3일간 열전

1일 개막식 이어 읍·면·동 대항 레이스

국토교통의 중심도시로 부상하고 있는 금강시의 주민 화합 잔치인 제 10회 금강시민체육대회가 1일 금강종합운동장 주경기장에서 개막식을 열고 3일간의 열전에 돌입했다.

이날 개막식에는 백두산 금강시장과 지리산 국회의원과 속리산 시의회 의장, 한라산 교육장 등 각 기관·단체장들이 대거 참석해 자리를 빛냈다.

금강시 시승격 20주년을 기해 종전보다 성대하게 마련된 개막식에는 2만여 명의 주민이 종합운동장 스탠드를 가득 메워 깊어가는 가을을 만끽했다.

금강시 주왕산 문화체육국장의 개회선언에 이어 20개 읍·면·동 선수단이 차례로 입장했고, 오색풍선과 비둘기가 창공에 날려질 때 시민들은 일제히 환호성을 질렀다.

선수단과 심판진을 대표해 내장산 선수와 계룡산 심판이 백두산 시장에게 정정당당히 경기 및 심판에 임할 것을 다짐하는 선서를 했다.

개막식의 하이라이트인 성화는 이번 대회 최고령으로 출전한 국궁의 월악산 선수가 최종 점화자로 나서 시민들의 박수갈채를 받았다.

사과동 농악대의 길놀이로 시작된 축하 공연은 포도여고 고적대 퍼레이드, 육군 자두부대 의장대 시범 공연 등이 펼쳐져 관중석을 가득 채운 관람객들에게 즐거움을 선사했다.

백두산 시장은 "시승격 20주년을 맞아 30만 시민의 큰잔치가 열리게 돼 기쁘게 생각한다"며 "대회를 통해 시민 화합을 다지는 한편 21세기 으뜸 도시로 도약을 다짐하는 계기로 삼자"고 치하했다.

Good 올바른 보도자료

사상 첫 통합체전 가을잔치 '팡파르'

도내 시군 최초 장애인-비장애인 체전통합 의미 더해

지난해까지 장애인과 비장애인 대회로 이원화됐던 금강시민체육대회가 올해부터 통합된 가운데 1일 개막식을 시작으로 3일간의 메달 레이스에 돌입했다.

그동안 시민체전은 시설 부족과 양 체육 단체 간의 이견 등을 이유로 각기 봄과 가을에 나누어 치렀지만, 지난해 금강시의 중재로 양 체육 단체가 합의에 이르러 올해부터 통합체전으로 치러지게 됐다.

특히 20개 종목 중 배드민턴과 탁구, 수영 등 3개 종목은 장애인 선수와 비장애인 선수가 함께 출전하는 통합경기로 치러져 관심을 끈다.

금강시의 통합체전을 관심 두고 지켜본 인근 시·군은 이번 대회에 각기 시찰단을 파견해 대회 진행 상황을 살펴보며 통합체전 개최를 준비하는 모습을 보였다.

이번 대회의 개막식은 1일 금강종합운동장에서 2만여 명의 시민이 운집한 가운데 열렸다.

체전에 참가한 선수단 규모는 1000여 명으로 20개 종목에 걸쳐 3일간 읍·면·동 대항전으로 진행된다.

한라산 금강시 장애인연합회장은 "금강시가 도내 시·군 중 처음으로 장애인과 비장애인 체전을 통합으로 치르게 된 것은 진정한 시민 화합 체전의 물꼬를 텄다는 중대한 의미가 있다"며 "이번 일을 계기로 시민의 장애인에 대한 인식이 개선되길 바란다"고 말했다.

주민의 관심은 '자신'이다. 주민은 내 생활에 어떤 변화가 있는지, 내게 어떤 혜택이 있는지에 주목할 뿐이다. 그 마음을 헤아려야 언론홍보를 극대화 할 수 있다.

05 정책부서는 제조회사, 홍보부서는 유통회사

만나면 반가운 홍보맨과 기자

기자로 일하며 일일이 기억하지 못할 만큼의 홍보업무 담당자를 만났다. 공공기관은 물론이고 대학이나 사기업, 시민사회단체에 이르기까지 기본 틀을 갖춘 조직이라면 홍보업무를 전담하는 부서와 담당자가 있다. 규모가 좀 작으면 부서까지는 아니어도 전담자가 있다. 그도 아니면 특정 업무 담당자가 홍보업무를 병행해 맡기도 한다. 누군가를 만나 이야기를 나누다 홍보팀에서 근무한 이력이 있다고 하면, 그렇게 반가울 수가 없다. 그만큼 기자와 홍보담당자의 관계는 각별하다. 서로 너무 잘 알기 때문이다. 물론 홍보업무를 담당했던 이들도 기자를 만나면 몹시 반가워한다. 공통의 대화 소재가 있다는 사실만으로도 서로는 금세 가까워진다.

공조직이든 사조직이든 홍보업무를 담당해보지 않은 이들은 기자에게 막연한 거부감을 느낀다. 두려운 대상으로 여기기도 한다. 먼저 다가서기 어려운 존재로 보는 경우가 많다. 하지만 홍보업무를 담당해본 경험이 있는 이들은 사정이 다르다. 기자도 같은 인간이고 생활인이며 그저 직업이 매체를 통해 뉴스를 다루는 사람이라는 사실을 안다. 특별할 것도 없고 그저 직업이 기자일 뿐이라고 생각한다. 자주 만나 부딪치며 일하다 보면 서로의 처지를 이해하게 되고 가까워지게 된다. 홍보부서로 발령 나면 좋아하는 공무원이 없다. 사기업 직원도 마찬가지이다. 하지만 6개월이 지나고 1년이 지나 업무를 알게 되고 언론을 이해하게 되면 "홍보업무를 담당해보길 참 잘했다."라고 말한다. 조직의 전체 업무를 넓게 보는 안목이 생기고, 새로운 세계를 경험하게 돼 만족스럽다는 반응을 보인다.

기자도 홍보담당자와는 각별한 유대감을 갖는다. 그들이 기자와 언론의 세계를 이해해준다는 점이 반갑고 고맙다. 기자가 원활하게 업무를 처리할 수 있게 가장 측근에서 도와주는 이들이 홍보요원이다. 기자는 홍보담당자가 겪는 고충이 무엇인지 아주 잘 알고 있다. 새벽부터 출근해 기관장에게 보고할 스크랩 자료를 만들고, 부정적 기사가 보도되면 그 원인을 분석해 보고하는 일을 준비한다. 기자와 어울려 식사 자리나 술자리를 갖는 것도 그들의 중요한 업무 중 하나이다. 언론에서 필요로 하는 자료를 제공해 주는 일도 빼놓을 수 없는 업무이다. 때로는 기관장을 대신해 언론 기고문이나 서면 인터뷰 자료를 작성하기도 한다. 그들의 업무는 참으로 많다. 정신적으로나 육체적으로나 참으로 피곤한 업무이다.

홍보요원이 겪는 가장 큰 고충 중 하나는 각 실과에서 언론에 보도해 달라며 보내오는 정책 관련 보도자료를 손보는 일이다. 홍보담당자도 기자가 아닌 공무원이거나 일반 사원이기 때문에 체계적으로 보도문을 작성하는 일을 배운 적이 없다. 전혀 보도문을 쓸 줄 모르는 상태에서 업무에 배치되는 이들이 허다하다. 업무를 맡은 후 어깨너머로 배우거나 전임자들이 남겨두고 간 자료를 베껴 쓰면서 배우게 된다. 그러니 그들이라고 보도자료 쓰기에 능숙할 수 없다. 자주 쓰고 오래 쓰다 보면 글쓰기 솜씨는 좀 나아지겠지만 저널리즘이라는 독특한 의식체계를 내면화시키지 못하면 글의 방향은 언론에서 요구하는 바와 달라질 수밖에 없다. 홍보부서에 배치되면 보도문 쓰기부터 배워야 하는데 조직은 그들에게 그런 기회를 주지 않는다. 바로 쓰라고 한다. 전임자의 자료를 참고하라고만 한다.

홍보업무 경험의 차이

하지만 일반 부서에 근무하는 이들의 생각은 다르다. 홍보부서 직원은 당연히 보도자료를 비롯한 글쓰기 솜씨가 기자 수준일 것으로 생각한다. 대충 적어 보내면 홍보담당자가 제대로 된 자료를 만들어 언론매체에 뿌려 줄 것으로 믿는다. 홍보부서는 당연히 각 실과의 정책을 소상히 이해하고 있고, 그것을 기반으로 보도자료를 만들 수 있다고 생각한다. 그래서 보도문 형식을 제대로 갖춘 자료를 보내지 않고 개요만 적어 보내 알아서 자료를 만들어 달라는 경우도 있고, 대충 써 보내면 제대로 고쳐 줄 것으로 생각하는 때도 많다. 어차피 자신은 보도자료 작성에 대해 교육을 받은 적도 없으니 대충 써서 보내면 홍보부서가 알아서 보완해줄 것이라고 기대하는 것이다.

하지만 그 구조를 생각해보면 답이 간단하게 나온다. 각 부서에서 진행하고 있는 정책은 그 담당자가 가장 정확하게 진행 상황을 파악하고 있다.

홍보부서는 전체적 큰 그림은 파악하고 있지만, 각 부서가 진행하고 있는 세세한 상황을 모두 알 수는 없다. 설령 안다고 해도 그 방대한 업무에 대한 자료화 작업을 특정 부서가 모두 담당하는 것은 불가능하다. 앞서 설명한 대로 홍보부서는 보도자료를 작성하는 일 외에도 해야 할 일이 태산처럼 많다. 낮에는 각 매체의 기자들과 업무협조를 요청하는 민원인을 맞아야 한다. 제법 큰 사안이 발생하면 브리핑이나 기자회견을 진행해야 한다. 그러니 홍보부서가 그 많은 보도자료를 감당한다는 것은 사실상 불가능하다.

홍보부서는 기관과 언론매체를 연결해 주는 창구기능을 한다고 보면 된다. 더 쉽게 설명하면 각 정책부서가 제조회사라면 홍보부서는 그 제조한 물건을 유통하는 회사라고 생각하면 된다. 그러니 상품을 만드는 일은 제조회사 격인 해당 정책부서에서 담당하는 것이 맞다. 홍보부서는 각 부서로부터 전달받은 자료를 가공하고 포장해서 가장 효율적인 방법으로 정확한 시간에 각 언론매체에 공급해 홍보 효과를 극대화하는 일에 방점을 둔다. 그런데도 각 정책부서 담당자는 홍보문구를 작성하는 일을 귀찮아하거나 두려워해서 홍보부서로 떠넘기는 경우가 많다. 그러다 보니 가뜩이나 일이 많은 홍보부서는 늘 긴박하게 돌아갈 수밖에 없다.

자신이 하는 공적 업무를 주민에게 알리는 일은 선택이 아닌 의무이다. 모든 조직원이 어떻게 하면 가장 빠르고도 효율적으로 주민에게 기관이 행하는 정책을 홍보할 것인지에 대해 늘 고민해야 한다. 아무리 좋은 정책이라도 주민이 알지 못하고, 이해하지 못하면 소용이 없다. 자료를 만드는 일이 부담스러우면 비슷한 정책을 다룬 신문기사를 찾아보고 그 유형을 흉내 내 작성하면 된다. 자료의 배포 시기나 효율적인 배포 방법 등에 대해서는 홍보부서 담당자와 상의하면 자세히 안내받을 수 있다. 홍보부서는 각 정책부서가 만든 자료를 가공하고 포장해서 수요자에게 전달하는 역할을 하는 전문 부서다. 홍보 자료는 정책 담당자가 작성하는 것이 맞다.

06
광고는 소비자 마음을 사고, 정책홍보는 주민의 마음을 사고

주민이 안전하고 행복할 때까지

기업은 이윤을 추구하지만, 기관은 주민의 '안전'과 '행복'을 추구한다. 그러니 그 목적 자체가 큰 차이를 보일 수밖에 없다. 국가는 국민을 안전하게 보호해주고 나아가 행복하게 해줄 의무가 있다. 국가가 그 모든 서비스를 감당할 수 없으니 각 지방에 지방정부를 두고, 그것도 모자라 엄청나게 많은 분야별 공공기관을 둔다. 국가가 시행하는 공공서비스의 영역이 점차 확대되다 보니 공공기관은 자꾸 늘어가고 공무원의 수도 그만큼 늘어나고 있다. 공무원의 수를 줄여야 한다고 주장하는 이들도 많지만 여러 상황을 살펴볼 때 공공기관의 수나 공무원의 수는 줄어들기 어려울 것으로 보인다.

기업은 '이윤' 추구를 위해 수단과 방법을 가리지 않는다. 법에 저촉되는 일만 아니라면 무슨 일이라도 한다. 기업이 이윤을 추구한다는 것은 물품이나 서비스를 판매해 수익을 남기는 것을 의미한다. 그러니 기업은 늘 소비자의 마음이 어디로 흘러가고 있는지를 파악해야 한다. 소비자가 어떤 제품을 원하고 있는지, 어느 정도의 가격대를 원하고 있는지 등을 늘 살피고 그 요구에 맞는 제품이나 서비스를 생산해내기 위해 노력해야 한다. 소비자의 마음을 사로잡지 못하고는 그들의 주머니를 털어낼 수 없다. 기업이 늘 염두에 두어야 하는 것은 언제나 소비자의 마음이다.

무관심한 듯하지만

기업과 비교하면 기관은 한결 쉬운 길을 간다. 적어도 생존을 위해 허덕거릴 필요는 없기 때문이다. 국가가 망하지 않는 한 기관이 망할 리는 없다. 국가가 존재하고 국민이 존재하는 한 세수는 확보되고, 확보된 세수는 재정이 돼 국민의 안전과 행복을 보장하기 위한 다채로운 시책에 투입된다. 기업이 생존을 위해 처절하게 경쟁하고 소비자의 환심을 사기 위해 각고의 노력을 기울인다면, 공공기관은 행정서비스를 통해 주민이 안전하고 행복한 삶을 살도록 지원해야 한다. 그 길은 결코 꽃길이라고 표현할 수 없다. 주민의 마음을 사서 그들이 만족을 느끼게 해 주어야 하기 때문이다. 주민은 자신이 내는 세금이 어떻게 쓰이는지에 늘 관심을 기울인다. 무관심한 듯 보이지만 세금이 허투루 쓰이는 사례를 발견하면 분노한다.

물론 의회가 대의기구로서 주민을 대신하여 행정을 감시하고, 정책을 의결하는 기능을 수행하지만, 주민은 의회 활동에 큰 신뢰를 갖지 않는다. 자신의 눈에 보이는 불합리한 정책 집행이나 예산 낭비 등을 의원이 자세히 잡아내지 못하고 있다고 생각한다. 의회에 입성하는 순간 의원들 자체가 권력자가 되고, 행정과 타협하며 사적인 이익을 챙기는 데 관심을 둔다고 본다. 지방자치 초기에 전국 각지의 지방의회에서 발생한 추태와 부정 등이 주민에게 대단히 부정적 이미지를 고착시켰기 때문이다. 지금도 전국에서 의회의 추태와 부정이 간헐적으로 발생하며 주민의 불신을 자극하고 있다. 주민은 세상에 믿을 건 오직 자신뿐이라고 생각하고 있다.

거듭 밝히지만, 주민은 자신이 낸 세금이 제대로 잘 쓰이고 있는지 예의주시한다. 자신이 위임한 권력이 남용되고 있지 않은지도 지켜본다. 행정을 바라보는 주민의 생각은 대개 '불안'과 '불신'이라는 용어로 압축된다. 그러니 행정기관은 주민이 불안과 불신을 버리고 편안히 생업에 종사할 수 있도록 해줄 의무가 있다. 행정이 원활하게 진행되고 있음을 수시로 확인시켜 주어 주민이 불필요한 불안과 불신을 떨쳐내게 해 주어야 한다. 행정이 어떻게 돌아가고 있는지를 상세히 전달하는 것은 공무원의 의무이다. 그래서 공무원은 언론을 잘 활용해야 한다. 기관이 직접 기관의 입장으로 설명하기보다 언론이라는 제삼자를 경유하면 신뢰가 더욱 커지기 때문이다.

비판이 없으면 언론이 아니다

언론은 기관에서 발송한 보도자료를 액면 그대로 보도하지 않는다. 자신의 시각으로 적정성을 평가한 후 자신의 스타일로 가공해서 보도한다. 기관에서 어떤 자료를 보내오면 우선 그 자료가 뉴스로서 가치가 있는지,

주민의 시각에서 알고 싶은 내용을 충실히 담았는지 등을 평가한다. 그러니 기관이 직접 발표하는 것보다 내용이 객관성과 신뢰성이 생긴다. 주민은 행정기관이 스스로 정책을 홍보할 때는 편파적 시각을 가질 수 있지만, 언론이라는 민간기업을 통해 가공 과정을 거치면 더 객관적일 것이라고 믿는다. 언론을 통한 정책의 홍보는 비용이 들지 않는 데다 효과가 다른 어떤 방법보다 뛰어나다. 기관이 가장 적극적으로 공략해야 하는 이유이다. 언론은 기관의 입장보다는 주민의 입장을 먼저 생각한다. 언론이 기관 편에 서는 순간부터 언론임을 포기하는 것이라고 보면 된다.

기업은 이익의 추구를 위해 소비자의 마음을 사고자 노력해야 하지만, 기관은 주민의 마음을 사야 한다. 주민의 마음을 산다는 것은 그들이 불필요한 불안이나 불신을 갖지 않게 해 주는 것을 의미한다. 행정기관이 주민의 알 권리를 인정하고 지속해서 정책의 방향과 진행 상황을 안내해주는 것은 기본적인 서비스라 할 수 있다. 반대로 아무런 정책홍보를 하지 않는 것은 직무유기라고 볼 수 있다. 주민이 행정기관의 정책을 신뢰할 수 있게 하는 첩경은 공무원 자신이 맡은 업무에 대한 홍보활동을 당연한 의무로 여기고 주민의 알 권리를 인정하는 마음을 갖는 데서 비롯된다.

언론의 주요 기능은 정책 비판과 정보 전달이다. 비판은 옳지 않다고 여기는 부분에 대해 지적하는 행위이다. 반면, 정보 전달은 행정이 주민을 위해 벌이고 있는 각종 정책을 주민에게 알려주는 기능이다. 비판은 언론의 고유 기능으로 비판기사는 기자가 직접 보고 느낀 점, 또는 외부로부터 제보를 받은 사안을 가지고 작성한다. 언론에 "왜 늘 비판적이냐?"고 말하는 이들이 더러 있는데 이는 언론을 포기하라는 이야기와 같다. 정보 전달

기사는 대부분 기관이 제공하는 자료를 기반으로 작성된다. 기자는 정보 전달을 위해 에너지를 소모하지 않는다. 기관에서 자료를 주지 않는다고 해서 몸달아 하지 않는다. 자신이 직접 취재해서 작성하는 기사에만 관심을 가질 뿐이다. 그러니 주민의 마음을 사는 자료를 개발하는 일은 오로지 기관이 담당해야 할 몫이다.

07
공무원의 기관장, 주민의 기관장

나라의 주인은 국민, 학교의 주인은 학생

각급 학교에서 출간되는 학교신문을 평가하는 심사위원으로 참여한 일이 있다. 수십 종의 신문이 심사 대상이었고, 심사위원은 네 명이 맡았다. 구성이나 내용이 천편일률적이어서 적지 않게 놀랐다. 대부분 신문이 1면 상단 또는 좌·우측에 교장의 기고문을 싣고 있었다. 내용은 지극히 일상적이어서 눈길을 끌 정도가 못 된다. 1면에 교장 사진과 글이 없는 경우는 2면 또는 마지막 면에 자리 잡고 있었다. 출품한 수십 건의 신문 중 교장의 사진과 글이 실리지 않은 신문은 불과 10%가 안 됐던 것으로 기억한다. 교직 사회 구성원은 당연하다고 생각할지 몰라도 기자인 나의 시각에서 볼 때 용납되지 않았다. 학교신문의 주인은 학생이어야 하고 학생이 모든 면에서 주인공이어야 하기 때문이다. 학교장의 기고가 삽입된다 해도 1면 상단에 자리할 것은 아니라고 보았고, 특별한 메시지가 없는 평범한 내용은 편집할 필요가 없다고 생각했다.

내가 강력히 주장했다. "학교신문은 학생이 주인이 되어야 합니다. 교장의 글과 사진이 1면에 실린 신문은 모두 걷어내고 나머지를 가지고 심사하시는 게 어떨까요?" 다행히 다른 심사위원들이 나의 의견을 따라주었다. 그래서 심사는 의외로 어렵지 않게 끝낼 수 있었다. 학교신문 대부분은 교장과 함께 학생회장의 글과 사진을 싣고 있었다. 학생회장의 글도 모든 학생이 꼭 알아야 할 중요한 내용은 보이지 않았다. 그래서 알았다. 학교 구성원의 대부분은 학교신문을 발행할 때 별 내용이 없더라도 교장과 학생회장의 글을 중요한 위치에 배치해 편집하는 것이 당연하다고 생각하고 있었다. 신문의 내용보다 형식에 큰 비중을 두고 있었다.

학교신문 외에 각 지자체나 교육청 또는 그 외의 기관에서 정기적으로 발행하는 소식지 형태의 신문이나 잡지 등도 학교신문과 같이 내용보다는 형식에 비중을 두고 발행 작업을 한다. 불과 몇 쪽 안 되는 간행물을 만들면서 거의 모든 면에 기관장의 사진이 보인다. 행사장에서 촬영해 그나마 자연스러운 사진도 몇 장 있지만 어떤 간행물에서는 연출돼서 아주 부자연스러운 사진도 보인다. 예컨대 어린아이를 안고 함박웃음을 짓는 사진, 젊은이들과 잔디밭에 둘러앉아 웃으면서 이야기를 나누는 사진 등이다. 어떤 경우에는 너무 전근대적이고 유치하게 느껴져 헛웃음이 터지기도 한다.

소식지를 학생과 학부모에게 돌려준 교육청

반면 한 광역단위 교육청의 경우, 교육감이 소식지 발행 담당자에게 특별 지시를 내려 자신의 사진이 단 한 장도 삽입되지 않도록 했다. 전 교육감 재임 때도 소식지는 만들었다. 그때는 단 한 사람을 위해 소식지를 제작한다고 할 정도로 교육감을 띄우는 데만 주력했다. 실질적인 독자가 될 학생과 교사, 학부모를 전혀 고려하지 않았다. 독자가 될 대상에게 유익할 것인지, 재미있을 것인지 등은 제작자의 관심이 아니었다. 오로지 교육감의 이름과 얼굴, 치적을 얼마나 잘 홍보할 것인지에 초점이 맞춰졌다. 그러다가 교육감이 바뀌면서 소식지의 편집 방향이 180도 바뀌었다. 학생과 교사가 주인공이 되었고, 무엇을 어떻게 써야 그들에게 유익할지를 깊이 고민한 흔적이 넘쳐났다.

처음에 교육감이 자신과 관련된 내용이 소식지에 실리지 않게 하라는 지시를 했을 때 실무진은 받아들이지 못했다. 수십 년간 관행처럼 교육감 위주의 편집을 했는데, 그 핵심인 교육감이 자신과 관련된 내용을 싣지 말라고 했으니 어안이 벙벙했다. 관료주의 사고에 길든 교육청 임직원은 처음 바뀐 소식지를 받아들고는 몸 둘 바를 몰랐다. 결재선상의 간부가 교육감을 찾아가 과거로 돌아가자고 몇 번을 설득했다고 한다. 하지만 해당 교육감은 끝까지 자기 뜻을 굽히지 않았고, 그 덕에 소식지는 환골탈태해서 전혀 다른 모습으로 다시 태어날 수 있었다. 관료주의와 매너리즘이라는 구습을 벗어 던지니, 참신한 소식지 본연의 기능을 살릴 수 있었다. 기관장 한 사람의 의식이 엄청난 변화를 동반한다.

이런 현상은 간행물에서만 나타나지 않는다. 거의 모든 홍보물에서 나타난다. 대부분 기관은 출입구에 게시판을 만들어 놓고 각 기관의 홍보물을 전시한다. 대개는 사진이다. 그 사진은 대개 10~20장 사이인데 대부분이 기관장의 행사 참여 사진이다. 사진 찍은 것을 탓하자는 게 아니다. 공직사회에 만연된 전근대적 사고와 좀처럼 떨쳐내지 못하는 관료주의적 사고를 지적하고 싶은 것이다. 바깥세상 주민이 생각하는 것과는 너무도 다른 생각이 기관 내 공무원 사이에서 당연시되고 있다. '여기가 21세기 대한민국 맞나?' 또는 '내가 지금 북한 로동신문을 보고 있나?' 하는 생각이 들 때도 있다. 외부인은 어색하고 불편한데 공무원은 그것이 전혀 어색하지 않다. 다수의 주민과 전혀 다른 생각 속에 살아가고 있다는 것이 문제이다.

주민은 알고 있다

단도직입적으로 말하면 공직사회의 조직문화는 주민이 생각하는 위민행정과 분명히 시각 차이가 있다. 구호는 위민행정을 외치고 있지만 관 위주의 생각을 떨쳐내지 못하고 있다. 기관은 주민이 낸 세금으로 운영되는 조직인 만큼 주민이 주인이 돼야 하고, 주민이 최우선 섬김의 대상이 돼야 한다. 대부분 공공기관에는 응접 테이블 유리판 밑에 조직도가 그려져 있는데 그 조직도를 살펴보면 기관장이 정점에 올라가 있다. 아주 가끔은 기관장 위에 박스를 그려 넣고 거기에 주민이라고 적어 놓는 경우가 있다. 그러나 그것은 그림일 뿐이다. 홍보전문가 관점에서 기관의 홍보마인드를 살펴보면 주민을 기관장 위에 두고 보지 않는다. 조직 내의 상하 위계에만 관심을 둘 뿐이다.

대개의 주민은 공무원과 전혀 다른 생각을 한다. 소득 수준, 생활 수준, 의식 수준이 높아지면서 주민의 자아의식이 매우 높아졌고 그만큼 기관을 권력의 주체로 보지 않으려는 성향이 있다. 자신이 낸 세금으로 운영되는 공공기관은 주민을 위해 서비스를 펼치는 조직일 뿐이라고 생각한다. 주민은 자신이 진정한 주인이라고 생각한다. 다만 직접 표출하지 않을 뿐이다. 기관장이나 고위 관료를 대할 때도 어려운 대상으로 여기지 않는다. 공무원의 경우, 자신의 인사와 승진에 대한 칼자루를 쥐고 있어서 어렵기 그지없는 대상이지만 주민은 전혀 그렇지 않다. 특히 그 기관장이 선출직인 경우는 더욱 당당하게 대한다.

이렇듯 양자 간 생각의 차이가 확연하니 홍보의 기법이 전혀 다른 방향으로 흘러가고 있음은 굳이 지적할 필요도 없다. 주민의 관점은 오로지 자신의 안전과 행복이다. 주민은 자신이 충분히 서비스를 받을 자격이 있는 대상이란 사실을 너무도 잘 알고 있다. 기관장이 필요 이상으로 예우를 받고 홍보의 중심에 서는 모습을 반가워하지 않는다. 대놓고는 말을 하지 않을지 몰라도 돌아서서는 흉을 보거나 나무란다. 지나치게 기관장 띄우기만 하는 기관의 홍보 행태를 역겨워한다. 문제는 공무원이 그걸 잘 모른다는 것이다. 그들은 수십 년 전부터 선배들이 해왔던 대로 모든 포커스를 기관장에게 맞추려 한다. 주민이 주인임을 깨우쳐야 한다. 그들이 주인공인 자료를 만들어야 홍보는 성공할 수 있다.

08
홍보의 기본 원칙, 선택과 집중

마력의 숫자 3

홍보할 때는 전략이 중요하다. 전략을 잘 세우면 영양 만점의 효과를 거둘 수 있지만 그렇지 못하면 비용과 시간만 허비할 뿐 소출이 없다. 홍보는 알리는 것이다. 누군가 전달하고 상대가 그것을 전달받아 이해하고 기억한다면 홍보는 성공한 것이다. 이 점을 염두에 두고 홍보의 전략을 세울 필요가 있다. 보통 사람은 기억에 한계를 갖고 있다. 자신의 생사가 달린 일이라면 모를까 그렇지 않다면 무언가를 열중해서 암기하려 들지 않는다. 몰입하고 집중하지 않으면 많은 것을 기억할 수 없다. 기독교 신자가 십계명을 외우는 식으로 자신이 거주하는 군의 군정방침 열 가지를 외우고 다닐 주민은 없다. 만약 기관이 그것을 원한다면 잘못된 생각이다.

그러나 암기하고 이해해야 할 내용이 세 가지라면 이야기는 달라진다. 군정의 핵심 방향이 세 가지인 군 단위 지자체가 있다고 가정하자. 세 가지의 군정방침이 각종 매체를 통해 수시로 소개되고, 군수가 어느 곳에서든 마이크를 잡고 세 가지만 집중적으로 이야기한다면 시나브로 주민의 귀에 군정방침 세 가지가 각인될 것이다. 홍보하는 데 이는 대단히 중요한 사실이다. 핵심 사항이 넷 이상이면 복잡해지고 상대는 그것을 굳이 암기하고 이해하려 하지 않는다. 셋이면 자연스럽게 암기한다. '3'은 한국인에게 마법 같은 숫자이다. 평범한 사람은 세 개를 암기의 한계로 본다. 일부러 외우지 않는 한 암기의 한계는 셋까지라는 사실을 염두에 두어야 한다.

세 가지 이상은 침투가 어렵다

예를 들어서 지방의 A 군이 군정의 목표를 열 가지로 잡았다고 가정하자. 그 열 가지는 아무리 강조하고, 여러 매체를 통해 집중하여 홍보해도 전 주민이 이해하고 암기할 수 없다. 그러나 그것을 세 개의 카테고리로 묶어 키워드를 만들고 유사한 항목을 하위개념으로 잡아 상위개념의 세 가지를 집중적으로 홍보한다면 주민은 군정을 정확하게 이해하게 될 것이다. A 군의 군정 목표가 △인구 10만 명 달성과 시 승격 △전국 10대 축제 선정 △국내 10대 기업 공장 10개 유치라고 정해졌다고 가정해보자. A 군의 군수가 주민과 만나는 자리마다 이 세 가지를 설명하고 강조한다면 주민은 금세 군정의 방향을 이해하게 될 것이다. 각종 매체를 통해 이를 집중 홍보한다면 웬만한 주민은 모두 군정의 방향을 이해하게 될 것이다. 또한, 그것을 암기하고 자연스럽게 대화의 소재로 삼을 것이다.

이렇게 되면 군의 정책홍보는 큰 방향성을 잡은 것이다. 전 주민이 이해하고 암기하는 정책 방향이 결정됐으니 세부계획을 잘 수립해서 추진하는 일만 하면 된다. 군이 추진하는 정책의 핵심가치와 방향을 주민이 이해하고 있는 것과 그렇지 못한 것의 차이는 아주 크다. 그러니 정책의 목표를 너무 많이 잡으면 안 된다. 핵심가치 위주로 키워드를 잘 뽑아내야 한다. 그러고는 이 세 가지 정책이 아닌 다른 정책을 추진할 때는 이것을 셋 중 하나에 접목해 그 하위개념으로 몰고 나가야 한다. 그러면 주민의 정책에 대한 이해의 폭은 한결 넓어질 것이다.

홍보할 때는 욕심을 버려야 한다. 많은 것을 다 가지려 했다가 전부를 포기하는 우를 범해서는 안 된다. 전체적인 맥락에서 정책의 큰 틀을 정하는 것뿐 아니라 세부적인 정책을 추진할 때도 전달하고 싶은 메시지를 간소화해서 세 가지 이내로 압축해야 한다. 그래야 기억할 수 있고, 이해할 수 있어 주민이 나서서 홍보요원 임무를 수행하게 된다. 기관이 추진하는 정책을 반대하고 매사 반기를 들고 나서는 경우는, 대개 정책의 큰 방향을 이해하지 못하는 데서 비롯된다. 주민이 정확하게 이해하고 기억하고 있다면 태클을 걸지 않는다. 오히려 홍보요원이 된다. 그래서 홍보는 기관이나 기관장을 띄우는데 포커스를 두면 안 된다. 주민에게 정책을 이해시켜야 한다.

09 참신성을 짓밟는 부서장

이래서 안 바뀐다

공공기관 연수원에 출강해 공무원을 대상으로 홍보마인드와 언론대처법, 보도자료 작성법 등을 강의한 지가 10년이 넘었다. 꽤 많은 횟수에 걸쳐 꽤 많은 공무원에게 홍보를 소재로 하는 강의를 했지만 그들의 홍보 패턴은 좀처럼 바뀌지 않았다. 보도자료의 경우 알맹이가 없고 껍데기만 있는 허술한 자료가 배포됐다. 그토록 강조해서 본질을 찾아내 알맹이를 쓰라고 이야기했지만, 나의 주문은 수용되지 않았다. 허탈하기도 하고 서운하기도 했다. 분명 강의를 할 때는 알아듣는다고 고개를 끄덕였고, 확실히 이해한 눈빛이었는데 정작 결과물은 달라지지 않았다. 본질과 의미는 드러나지 않고 시간 순서대로 식순을 단순 나열한 자료만 배포될 뿐이었다.

그 이유가 무얼까 생각해봤다. 내가 혼자 내린 결론은 세 가지로 압축된다. 첫째는 대개의 연수원에서 이루어지는 강의가 두 시간 또는 세 시간 배정이 돼 있고 컴퓨터실이 아닌 일반 교육장에서 이루어진다는 점이다.

실습하지 않고 이론으로만 내용을 들으니 들을 때는 이해가 되는 듯하지만, 막상 자료를 만들어 써보려면 글이 안 나가게 된다. 강의시간을 늘리고 노트북 컴퓨터를 배치해 직접 자료를 만들어보는 실습교육을 하면 달라진 모습을 보일 것으로 믿는다. 또 하나는 컴퓨터 한글프로그램의 불러오기와 다른 이름으로 저장하기가 반복되기 때문이다. 배운 대로 새롭게 작성하려면 많은 에너지와 시간이 소모되니까 전에 하던 대로 과거의 자료를 불러와 날짜를 비롯한 몇몇 수치를 바꿔 작성하는 관행을 답습하는 것이다.

마지막 세 번째가 중요하다. 연수원에서 강의를 들은 공무원은 강사가 가르쳐 준 대로 기관장 중심의 사고를 탈피해 주민 중심으로 자료를 작성한다. 전에 작성했던 자료와 전혀 다른 패턴으로 시간과 공을 들여 저널리즘에 입각한 양질의 자료를 만든다. 그러나 이 공무원이 작성한 자료를 결재받는 과정에서 모든 상황은 원상 복구된다. 자신이 수십 년간 보아왔던 껍데기로 꽉 찬 보도자료가 정답이라고 생각하는 과장이나 팀장은 실무자가 새롭게 작성한 보도자료를 인정하지 않는다. 그래서 기관장 이름과 사진, 멘트가 최대한 많이 나오도록 내용을 수정해 준다. 그러면 삽시간에 자료는 과거형으로 회귀하게 된다.

잘못된 신념

주민이 중심이 되게 작성한 보도자료는 기관장이 비집고 들어갈 구멍이 없다. 주민 관점에서 그들이 궁금한 것이 무엇이고, 그들에게 돌아가는 혜택이 무엇인지 궁금증을 풀어주는 내용으로 가득하기 때문이다. 공무원이 팀장까지 승진하는 데 대략 20~25년이 걸린다. 과장은 그보다 5~10년이 추가된다. 그러니 그들이 평균적으로 30년 이상 잘못된 형식의 보도자료에 익숙해져 있는 것은 당연하다. 그들은 기자가 아닌 공무원이기 때문에 공무원 세계에서 통용되는 보도자료가 정답이라고 착각한다. 그러니 실무자가 어렵게 새로운 형식으로 자료를 만들더라도 결재 과정을 거치며 과거형으로 회귀하는 것을 피하기 어렵다.

그들은 최대한 기관장의 치적을 홍보하고, 기관장이 모든 자료의 중심에 서 있어야 한다는 강한 신념을 갖고 있다. 그래서 기관장과 관련된 내용이 누락되면, 몹시 불안해한다. 담당자가 연수원에서 현직 기자에게 배워서 이렇게 썼다고 아무리 설명을 해도 그들의 고집을 꺾을 순 없다. 그들의 머릿속에는 홍보는 곧 '기관장 홍보' 또는 '기관 홍보'라는 인식이 깊이 박혀 있다. 설령 정책홍보를 주민 관점에서 해야 한다고 생각하면서도 자신은 예외로 둔다. 다른 부서는 다 그렇게 제대로 된 정책홍보를 하더라도, 내 부서만큼은 기관장 위주의 자료를 작성하고자 한다. 기관장이 없는 자료를 언론사에 뿌리는 것은 그들의 시각에서 볼 때 큰 용기가 필요한 일이다.

변화의 용기가 필요해

만약 담당자자 저널리즘에 따라 제대로 만든 자료가 각종 매체에 보도됐다고 해도 그 성과물을 기관장실에 제출할 용기가 없다. 말 그대로 앙금

없는 찐빵이라고 생각하기 때문이다. 특히 기관장이 언론에 자신이 보도되지 않는 것을 서운하게 여기는 유형이라면, 그 조직은 제대로 된 정책홍보를 기대하기 어렵다. 기관장이 홍보의식을 바꿔야 조직 전체가 살 수 있다. 자신의 얼굴 사진과 발언 내용이 많이 노출돼야 한다는 욕심을 내려놓지 않는다면 그 기관의 홍보는 구태를 벗어나지 못한다. 기관장이 홍보 책임관에게 특별 지시를 해서 "나 개인을 조명하기 위한 홍보는 더 필요 없다. 우리가 펼치는 정책을 주민 관점에서 최대한 이해하도록 홍보 정책을 펼쳐나가라."라고 주문하면 끝나는 일이다.

모든 변화는 의식의 변화가 선행돼야 한다. 또한, 아래로부터의 변화보다는 위로부터의 변화가 실현될 가능성이 크다. 하부 조직원들이 아무리 변화와 혁신을 외쳐도 상부조직이 변화를 가로막으면 아무런 소용이 없다. 그러나 반대로 위로부터 스스로 혁신에 앞장선다면 변화는 너무도 쉽게 이루어진다. 기관장이 변화를 주문하면 간부들은 조선 시대 사극처럼 마음에도 없는 "아니 되옵니다."를 외치며 반대할 것이다. 앞서 사례로 소개했듯 교육감 한 명이 자신 관련 내용을 과감하게 걷어내고 소식지를 만들게 한 결과, 그 소식지는 짧은 기간에 엄청나게 변화했다. 기관장이 자신의 욕심을 조금만 내려놓고 주민이 중심이 되는 자료를 개발해서 홍보의 틀을 바꿔 나간다면 성공적 정책홍보는 충분히 실현된다.

10 보직 순환제의 득과 실

절대 목표, 승진

세상 모든 일은 장점이 있는가 하면 단점이 있다. 장점만 있거나 단점만 있는 경우는 거의 존재하지 않는다. 하나를 얻으려면 하나를 손해 보는 게 일상적이다. 홍보의 패턴은 공공기관과 사기업 간에 큰 차이를 보인다. 양자는 조직이기 때문에 공통점도 많지만 추구하는 바가 근본적으로 달라서 차이점도 많다. 공통점이라면 조직인 만큼 수장 중심으로 사고하고 행동한다는 점이다. 이윤을 추구하느냐, 공공의 서비스를 추구하느냐가 차이점이다. 조직에 몸담은 구성원은 누구랄 것 없이 가장 큰 관심이 승진이다. 승진하면 그만큼 금전적 이익이 발생함은 물론이고 역할과 권한이 확대된다. 그래서 모든 조직 구성원은 승진에 집착할 수밖에 없다. 공무원은 특수 직렬이 아니라면 수시로 담당 업무가 바뀐다. 아무리 길어도 2년을 넘기는 일이 거의 없다.

이처럼 보직을 수시로 순환하는 것은, 인사의 형평성을 확보하기 위함이다. 공무원사회에는 '승진하는 자리'라는 게 있다. 그 부서, 그 업무를 맡아야 승진에 절대 유리하다고 모두가 믿고 있다. 실제로 그 자리를 경유해 승진하는 것이 상례이다. 그래서 자리를 자주 순환시켜 승진하는 자리를 공유해야 한다는 생각이 간절하다. 일반 회사에는 존재하지 않는 장기교육, 공로연수, 산하기관 낙하산 발령 등의 제도도 표면적인 이유는 있지만, 실상은 중간관리자 이상의 간부들이 자리를 서둘러 비우기 위한 편법이다. 정년을 1년 남짓 남긴 고위직 공무원을 임기 2~3년의 산하기관으로 발령 내는 것도 사정은 마찬가지이다.

민간회사도 조직원이 승진에 집착할 수밖에 없는 구조이기는 마찬가지이다. 기업에서도 승진을 통해 직급이 상승하면 그만큼 권한이 커지고 급료도 인상되니 승진은 모든 직장인의 로망 중 로망이다. 민간기업의 경우, 공조직처럼 승진의 길이 공식화돼 있지는 않다. 인사를 비롯해 거의 모든 중요 사안이 사주에 의해 결정되니 '승진하는 자리'라는 공식도 존재하지 않는다. 사주의 자녀나 친인척이 초고속 승진을 하거나 곧바로 경영권을 물려받는 것이 일반적이다. 또 민간기업은 성과주의가 지배하다 보니 어느 자리에서든 성과를 통해 능력을 입증하면 된다. 그래서 한 분야의 전문가를 양성하기 위해 주력한다. 양 조직의 인사체계는 확연한 차이를 보인다.

홍보의 달인이 배출되는 민간기업

공조직은 수시로 보직을 순환하는 것이 원칙이지만 민간조직은 그렇지 않다. 한 사람이 한 분야에 집중할 수 있도록 한다. 그래서 그 사람이 해당 분야의 달인이 되도록 한다. 홍보업무도 같은 틀에서 이해하면 된다. 공조직의 경우 홍보업무는 여간해 두 번 맡는 경우가 없다. 한 번 거쳐 가면 끝나는 경우가 대부분이다. 기간도 2년을 넘지 않는다. 그러니 업무를 익힐 만하면 떠난다는 말을 듣는다. 하지만 사기업에서는 홍보업무만 20년 혹은 30년째 담당하는 전문인력을 어렵지 않게 만난다. 입사해서 퇴사할 때까지 홍보업무를 맡는 경우도 얼마든지 있다. 그러니 달인이 배출되는 것은 어쩌면 당연하다.

모든 업무가 그러하겠지만 달인이 되면 능숙하게 업무를 처리할 수 있다. 홍보업무를 20년 혹은 30년 맡으면 반 언론인이 된다. 뉴스의 흐름을 누구보다 잘 알게 되고, 기자 개개인의 성격과 특성까지 파악한다. 긴급한 상황에 대처하는 능력도 탁월하다. 홍보 베테랑은 언론사의 속사정까지도 완벽하게 파악하고 있고, 기자들 간의 친소관계까지 정확하게 안다. 더구나 다른 기업의 홍보업무 담당자끼리 네트워크도 형성돼 있다. 그들은 서로 정보를 공유하고 유사시에 공동대처하기도 한다. 오래 어울리다 보면 마치 한 회사 직원처럼 입사 연차와 직급에 따라 선후배 관계가 형성된다. 그러면서 그들의 업무처리는 효율성이 커진다.

하지만 공조직은 이런 장점을 살릴 수 없다. 최근에는 공공기관도 홍보 분야를 전담할 경력자에게 오랜 기간 같은 일을 맡기는 경우가 생겨나고 있다. 그런데 하위직을 선발해 단순한 일만 반복적으로 맡기게 되면, 큰 효과를 기대하기 어렵다. 고위직을 선발하는 사례도 있지만, 상당수는 2~4년 정도의 계약제 형식을 취한다. 그러니 민간기업의 홍보담당자처럼 능숙하게 업무를 처리하기를 기대하기 어렵다. 홍보는 공무원 사이에서 결코 선호하는 업무가 아니다. 승진이나 유리한 인사를 전제로 2년 남짓 고생한다는 생각으로 맡는 업무이다. 다만 정기 인사 때 타 업무로 옮겨가며 "기관 전체의 업무를 폭넓게 보는 시각을 갖게 된 좋은 경험이었다."라는 말을 남기고 떠난다.

CHAPTER2

최저비용 최대효과 최고신뢰, 언론홍보

11
광고와 선전, 그리고 PR

공공부문 홍보는 PR 중심으로

'홍보(弘報)'란 '사업이나 상품, 업적 등을 일반에 널리 알리는 행위'이다. 홍보의 범위는 워낙 넓고 방대하다. 공공기관의 경우 홍보의 개념에 공적 성격을 부각해 '공보(公報)'라는 용어를 사용하지만, 개념은 다르지 않다. 일상적으로 사용하는 홍보라는 용어보다 공적 성격이 강하다고 이해하면 된다. 기업은 자신들이 생산하는 제품이나 제공하는 서비스를 알려 소비를 유발한다. 반면, 공조직은 공적 업무를 잘 수행해 주민들이 안전하고 행복하게 살 수 있도록 최선의 노력을 기울이고 있음을 알려야 한다. 양자 모두 홍보라는 개념에 포함된다. 또 종교단체나 정당 등이 교세 확장이나 당원 확충 등을 위해 벌이는 활동도 홍보의 범주에 포함된다.

홍보라는 용어에 대한 정의와 범위는 학자마다 다르고, 자료마다 다르다. 다양한 자료를 검색한 결과를 토대로 내 나름의 정의를 내려 보면, 홍보는 광의(廣義)의 홍보와 협의(俠義)의 홍보로 양분할 수 있다. 광의의 홍보는 '대중을 향해 정보나 이미지를 전달하기 위한 모든 활동'을 의미한다. 광의의 홍보에는 협의의 홍보(PR:Public Relations)를 비롯해 광고와 선전이 포함된다. 홍보부서와 광고부서가 따로 있는 조직은 거의 없다. 홍보부서가 광고업무까지 맡아보는 것이 상례이다. 이 경우 홍보라는 개념이 광의로 사용되는 사례이다. 그래서 협의의 홍보는 PR이라는 용어로 이해하면 된다. 방법은 조금씩 달라도 모든 홍보활동은 설득을 위한 커뮤니케이션이라는 공통점을 갖는다.

광의의 홍보를 이해하기 위해 먼저 가장 쉬운 개념인 광고를 이해할 필요가 있다. 광고는 '기업이 생산하는 제품이나 서비스를 소비자에게 알려 구매를 자극하기 위한 활동'으로 매체에 비용을 지불하고 이용한다. 즉, TV나 라디오의 방송시간, 신문이나 잡지의 지면 등을 사서 거기에 자신이 판매하고자 하는 재화(제품)나 용역(서비스)의 구매를 자극하는 내용을 담는다. 광고는 일방적으로 소비를 자극하기도 하지만 제품이나 서비스에 대한 정보를 전달해 준다는 순기능도 갖고 있다. 각종 미디어의 발달로 헤아릴 수 없이 많은 형태의 광고가 등장하고 있다. 광고매체는 전통매체에서 뉴미디어로, 오프라인에서 온라인으로 빠르게 이동하고 있다.

광고와 구분해 협의의 홍보라 할 수 있는 PR이 있다. 광고가 구매력을 자극하는 수단이라면 PR은 기관이나 기업의 이미지를 제고해 대중으로부터 신뢰 구축을 목적으로 한다. 대중의 이해와 협력을 구해 기관이나 기업이 펼치는 긍정적 활동을 최대한 많은 이들에게 알리는 활동이다. 광고는 일정액의 대가를 지급하지만, PR은 대가를 지급하지 않는 점이 광고와 구분된다. 대가를 지급하지 않는다고 해서 비용이 전혀 들지 않는 것은 아니다. 매체를 이용하면서도 대가를 지급하지 않을 뿐, 매체를 이용하지 않는 PR 활동은 비용이 지출된다. PR의 가장 대표적인 사례는 언론매체에 보도자료를 작성해 제공하는 것이다. 보도자료는 기사화를 전제로 하지만, 매체에 기사화됐다고 해도 그것을 이유로 비용을 지급하지는 않는다. 그러나 간행물 발간, 기념품 제작, 토론회 개최 등의 활동에는 비용이 발생한다.

선전(宣傳)도 홍보의 한 갈래로 봐야 한다. 흔히 광고를 선전이라고 칭하기도 하는데 이는 잘못된 표현이다. 광고는 판매를 위한 구매 자극이 목적이지만, 선전은 설득을 통해 상대를 나와 같은 생각을 하게끔 하는 일종의 의식화 작업이다. 그래서 다분히 정치적, 종교적 성격을 갖는다. 정당이나 시민·사회단체가 어떤 사안에 대한 논평이나 성명을 발표하고, 집회를 여는 등의 행위가 모두 선전 활동에 속한다. 전단을 제작해 살포하고 확성기 등을 통해 불특정 대중을 상대로 정치활동을 하는 것도 선전에 포함된다. 종교단체가 포교활동을 하고 법회나 부흥회 등을 여는 것도 선전 활동이다. 그러니 광고, PR과 확연히 구분된다. 흔히들 광고는 'BUY ME', PR은 'LOVE ME', 선전은 'FOLLOW ME'의 개념으로 설명한다.

점차 무너지는 경계

이해를 돕기 위해 구분은 했지만 해석하기에 따라 광고로 볼 수도 있고, PR로 볼 수도 있는 애매한 사례도 있다. 정부 부처나 지자체가 신문이나 방송에 대가를 지급하고 지면이나 시간을 사서 원하는 홍보를 할 경우, 이는 소비를 자극하는 행위라고 볼 수 없다. 자연보호, 교통질서 지키기 등을 주제로 하는 캠페인이나 지역 축제 또는 중요 정책 등을 소개하는 광고를 게재했을 때 이는 기업의 광고와는 차별된다. 기업도 직접 제품광고를 하지 않고, 기업의 이미지를 높이기 위한 광고를 하는 경우가 있다. 이 또한 이미지 제고를 위한 것이지 직접 제품을 홍보하는 것은 아니다. 물론 멀리 보면 이미지 제고를 소비로 연결하려는 의도인 것은 맞다.

홍보활동을 하면서 광고만 하거나 PR만 하는 경우는 거의 없다. 일정 규모 이상의 조직이라면 광고와 PR을 병행한다. 광고와 PR은 따로 갈 때보다 함께 갈 때 시너지효과를 발휘한다. 광고는 비용을 지급하지만, 그 내용을 광고주가 조정할 수 있는 데 반해 PR은 그렇지 못하다. 보도자료를 예로 들 경우, 언론사에 제공은 할 수 있지만 싣고 안 싣고는 전적으로 언론사의 의지에 달렸다. 광고는 지급하는 액수에 따라 원하는 시간 또는 지면 위치 등을 선택할 수 있지만, PR의 일종인 보도자료는 그 내용을 기사화할 때 전적으로 언론사가 밸류를 측정해 방송의 시간 또는 지면 반영의 위치와 크기를 일방적으로 정한다.

○ 홍보의 구분

광고	* 광고주가 신문·잡지 등의 지면이나 방송의 시간을 공개적으로 비용을 지불하고 구매해 거기에 어떤 재화나 용역에 대한 메시지를 소비자들에게 전달 * 재화나 용역의 판매 촉진이 목적 * 일방적 설득 형태 * 대상자가 주로 고객
PR	* 광고 형태보다는 매스미디어에 대한 제보 등의 방법을 통해 지식이나 정보를 전달 * 매스미디어 외에 대화, 회견, 선물 증정 등의 방법도 가능 * 조직체가 방침이나 활동에 대한 대중의 이해를 증진하고 협조를 얻는 것이 목적 * 직접 관계있는 집단뿐 아니라 언론·금융·교육 및 각종 사회집단과 정부기관까지 공중집단이 대상
선전	* 정치적 목적을 둔 문제에 대한 설득 커뮤니케이션 * 선전기관이나 선전자가 자신의 목적 달성을 위해 일방적으로 대중들을 설득 또는 조작 * 목적 달성을 위한 조직적·의도적 행동(성명 발표, 출판물 발행, 포스터 및 대자보 부착, 유언비어 유포, 행진, 전시회, 동상 건립 등)

12 정책홍보의 개념

가장 효과적인 PR은 보도자료

홍보는 '광고', 'PR', '선전'의 큰 줄기로 나눌 수 있다. 기업이 광고에 비중을 두고 PR을 곁들여야 효과적이라면, 기관은 반대로 PR에 비중을 두고 광고를 보조적 수단으로 활용해야 한다. 정당이나 시민단체, 기타 특수목적단체, 종교단체 등은 선전에 비중을 두는 것이 맞다. 기관의 PR활동 방법은 다양하지만, 언론사에 보도자료를 배포해 정책의 방향이 정확하게 매체에 보도되도록 해 주민에게 알리는 것이 가장 중요하다. 기관은 강력한 의지를 갖고 정책홍보(정책 PR)에 전념해야 한다. 기관은 주민과 끊임없이 소통해야 한다. 기관이 시행하려는 정책에 대한 여론을 수렴하고 언제, 어떻게, 무엇을 이용해 최대한 많은 주민에게 전달할지 관리하는 활동을 정책홍보라고 지칭한다.

정책홍보는 주민 의견을 파악해 정책 프로세스에 반영하고 결정된 사실이나 의도가 최대한 잘 이해될 수 있도록 적절한 시기에 적절한 대상에게 가장 효과적인 방법으로 전달해 이해와 동참을 끌어내는 체계적인 활동이다. 기관이 정책홍보에 소홀할 경우, 주민은 기관이 시행하는 각종 시책에 대해 알 수 없고, 혜택을 누릴 수 없게 된다. 나아가 사실이 왜곡돼 주민에게 전달될 경우, 정책에 대한 오해가 커지는 것은 물론이고 반대 여론에 직면하게 된다. 이렇게 되면 애써 준비한 정책이 시행되기도 전에 오해로 인한 반대에 부딪혀 시행단계에 이르지 못한다. 그러니 체계적인 정책홍보의 프로세스를 개발해 단계적으로 시행하는 것이 다른 어떤 일보다 중요하다.

과거에는 정책을 일방적으로 주민에게 알리고 기관의 이미지를 제고하는 것이 홍보의 주된 업무였다면, 이제는 기관이 추진하고자 하는 정책에 대한 주민 여론을 파악하고 정책의 추진을 위한 주민의 협조를 얻기 위한 설득작업까지 홍보의 개념에 포함한다. 기관의 홍보업무는 과거의 틀에서 벗어나 주민 여론을 수렴하는 창구기능을 하는 동시에 주민과 기관 간의 거리를 좁혀 나가는 영역까지 확대되었다. 주민의 동의를 전제로 설득력을 확보했을 때 그 정책은 비로소 성공 기반을 마련하게 된다. 종합해 볼 때 정책홍보는 정책의 신뢰성과 품질을 향상하고 집행의 효율성을 높이는 과정을 통해 기관의 혁신과 신뢰 구축을 이뤄가는 활동이라고 할 수 있다.

정책홍보를 하는 5가지 이유

정책홍보를 하는 이유는 크게 다섯 가지로 설명할 수 있다. 그 첫째는 소통이다. 기관의 정책이 수혜자인 주민에게 알려지면 그에 따른 주민의 반응이 여론으로 나타난다. 드러나는 여론은 정책에 반영돼야 한다. 그것이 바로 쌍방향 커뮤니케이션이라고 말하는 상호 간 소통이다. 두 번째 이유는 정보의 제공이다. 기관마다 주민 안전의 확보와 행복의 증진을 위해 실생활에 도움을 줄 수 있는 다양한 정책이 추진되는데, 몰라서 혜택을 받지 못하는 주민이 상당수에 이른다. 이를 해결하는 방안은 정책을 체계적으로 홍보하는 일이다.

세 번째는 주민의 관심을 유도하는 일이다. 주민의 관심과 호응을 얻지 못하고는 어떠한 정책도 성공할 수 없다. 네 번째는 편견을 극복하는 일이다. 주민이 정책에 대해 제대로 이해하지 못하면 편견이 생기거나 오해가 발생하기 마련이다. 편견과 오해는 걷잡을 수 없이 확산할 수 있어 초기부터 정책의 방향과 의도를 제대로 알리는 일이 중요하다. 끝으로 적대감을 해소할 수 있다는 점이다. 대부분 정책은 모든 주민을 똑같이 만족시키지 못한다. 상대적으로 많은 혜택을 보는 주민과 그렇지 못한 주민이 발생하게 된다. 정책홍보를 통해 이 같은 상황을 설득시켜야 한다.

정책홍보의 수행에 많은 수단이 존재하는데 언론을 통한 방법이 가장 보편적이고 효과도 크다. 광고를 제작해 알리거나 정기 간행물, 단행본, 팸플릿 화보, 포스터 등을 활용하기도 한다. 여론조사나 토론회 등을 통해 민의를 점검하고 정책을 설명하는 방법도 있다. 기념식, 평가대회, 경진대회, 전시회 등을 갖는 것도 정책홍보의 방법이다. 대중을 일일이 찾아다니며 현장 홍보를 할 수도 있다. 영향력 있는 인물을 홍보대사나 자문위원 등으로 활동하게 하는 것도 최근 유행하는 방법이다. 전문기관이나 기업에 컨설팅을 의뢰하거나 논리 개발을 주문해 활용하는 방법도 있다. 공중

파방송이나 케이블방송 등의 화면에 자막으로 정책을 홍보하는 문구를 표출하는 방법도 활용되고 있다.

정책홍보를 하는 7단계

정책홍보를 하는 과정은 대략 일곱 단계로 구분된다. 일곱 단계는 상황분석 → 홍보목표 설정 → 홍보대상 이해 → 홍보메시지 선정 → 홍보전략 수립 → 홍보매체 선택 → 홍보프로그램 개발의 순서다. 상황분석 단계는 첫 단계로 가장 중요하다. 시행하려는 정책과 관련된 사회적 배경을 살펴보고, 이와 관련된 여론조사나 언론 보도 등을 찾아 분석해보는 단계이다. 정책이 시행되면 주민이 어떤 반응을 보일지 예측하는 단계이다. 홍보목표를 설정하는 단계는 가용 재원과 자원을 점검해보고 목표와 주제를 구체적으로 설정하는 단계이다. 정책목표에 도달하기 위해 비용 대비 가장 효율적 방법이 무엇일지 생각해 우선순위를 결정하는 것도 이 단계이다.

홍보대상 이해 단계는 누구를 대상으로 홍보할 것인지 정하는 단계이다. 정책에 가장 많은 관심을 보일 계층은 누구이고, 가장 큰 이익과 불이익에 직면하게 될 대상은 누구인지 분석해 대상별 홍보전략을 마련하는 단계이다. 이어 홍보메시지를 선정하게 된다. 홍보하고자 하는 내용을 축약해 가장 간결하면서도 완벽하게 내용을 전달할 단어와 문구를 개발하는 과정이다. 메시지가 강렬해야 전달력이 크고 더불어 홍보 효과도 확대된다. 메시지만 들어도 정책이 어떤 내용을 담고 있는지 이해할 수 있게 해야 한다. 홍보전략 수립 단계는 현 단계에서 주민의 인지 정도를 고려해

인지도 확산에 주력할지, 이해와 공감대 확산에 주력할지 등을 정하는 과정이다. 주민이 얼마나 인지하고 있는지, 이해하고 있는지 세분화하고 그에 따른 전략을 마련해야 한다.

홍보매체 선택은 정책의 내용, 예산 규모, 홍보대상 등을 고려해 결정해야 한다. 홍보 주력 대상의 성별이나 연령, 학력 등에 따라 매체 선택을 달리해야 한다. 끝으로 홍보프로그램 개발은 구체적 실행 아이디어를 개발하는 단계이다. 언론사에 어떤 내용으로 보도자료를 만들어 언제쯤 발송할 것인지를 결정하고, 정책의 대상이나 중요도 등을 고려해 사안이 큰 경우 방송사와 협의해 관련 프로그램의 제작 가능 여부를 타진한다. 토론 프로그램의 주제로 정해 방송 진행 가능 여부 등을 확인하는 것도 이 단계이다. 작은 사안을 진행하면서 방송사에 프로그램 제작을 의뢰하거나, 토론 프로그램을 진행하자고 제안하는 것은 홍보 감각이 떨어지는 행위이다.

13
형식도 중요하지만, 내용은 더 중요하다

형식 우선주의가 문제다

세상일은 '형식'과 '내용'으로 구분된다. 양자를 놓고 어떤 이는 형식이 중요하다고 생각하는 반면 어떤 이는 내용이 중요하다고 생각한다. 하지만 어느 것이 중요하다는 논쟁은 소모적일 뿐이다. 양자가 모두 중요하기 때문이다. 오랜 시간 공무원 집단을 지켜보면서 기자 집단과 너무도 다른 특성을 느꼈다. 공무원을 대상으로 교육을 진행할 때마다 이 문제에 대해 앞뒤 배경 설명을 통해 충분히 이야기한다. 그러면 그들은 긍정의 눈빛과 고개 끄덕임으로 화답한다. 그러나 실제로 업무를 진행할 때는 기자의 요구를 받아들이지 않는다. 자신의 형식 우선주의 문화를 고수한다. 절대 바꾸지 않는다.

양자 간 업무처리에 간극이 생기는 사례를 제시해보겠다. 신문제작 과정을 예로 들면 취재기자가 기사를 작성하는 일은 제조 공정상 완제품이 아닌 중간제품을 만드는 것이다. 기자는 기사를 최대한 빨리 작성해서 데스크(부서장)에게 넘겨야 하고, 데스크는 다시 기사를 검토해 편집국장에게 보낸다. 국장의 손에서 벗어난 기사는 다시 편집부에 전달돼 편집기자가 기사 제목을 붙이고, 사진을 첨부하고, 그래픽이나 도표 등을 삽입하는 공정을 거쳐 각 지면을 완성한다. 그러니 취재기자가 기사를 쓰는 과정은 중간 공정일 수밖에 없다. 완제품은 윤전실에서 출력하는 종이신문이다. 인터넷신문이나 방송 등도 비슷한 구조로 이해하면 된다.

완제품은 매체 보도이다

제조업을 예로 들면 취재기자가 기사를 쓰는 과정은 중간 공정이다. 최대한 빨리 기사 작성을 마치고 서둘러 다음 공정으로 넘겨주는 것이 중요하다. 제조 공정을 진행하는데 필요한 부품은 포장을 빨리 뜯어서 바로 사용할 수 있게 하는 것이 편하다. 완제품도 아닌 부품을 굳이 비싼 비용을 들여 견고하게 포장할 필요는 없다. 포장을 해체하는데 불필요한 인력만 소모될 뿐이다. 중간 공정 담당자는 부품의 포장이 너무 복잡하고 겹겹이 싸여 있으면 불필요한 에너지를 소모하게 된다. 공정 담당자는 부품회사에 연락해 포장을 간소화해 달라고 거듭 부탁을 하지만 부품 제공자가 "그래도 우리 회사 이름으로 판매되는 제품인데 포장이 부실하면 무성의해 보일 것 같아서…"라며 겹겹이 싸는 종전의 포장을 고수한다면 얼마나 짜증이 날까.

바로 이 같은 상황이 공무원에게 보도자료나 기타 자료를 받는 과정에서 발생한다. 보도자료는 최종 완성품인 기사를 작성하는 데 있어 부품 역할을 한다. 정해진 시간에 많은 기사를 작성해야 하는 기자는 접수되는 자료가 최대한 간결하기를 원한다. 아무런 꾸밈도 없이 텍스트로만 구성된 자료를 가장 선호한다. 각종 서식 메뉴를 사용해 문서를 꾸며 보내면 이걸 해제해서 자료로 활용하는데 너무 많은 시간이 소요된다. 보기에는 좋을지 몰라도 불편하기 짝이 없고, 작업을 더디게 하는 걸림돌로 작용한다. 기자는 서식 없이 텍스트만 있는 형태의 기사를 데스크에게 보낸다. 그런데 원재료인 보도자료는 서식 메뉴로 가득해 이걸 텍스트만 있는 문서로 만드는데 많은 시간이 소요돼 짜증을 유발한다.

사진도 별도의 이미지 파일로 보내주면 활용하기가 좋은데 워드 프로그램 문서 위에 얹어 보내는 경우가 많다. 문서와 사진 각각의 파일을 열지 말고 하나의 파일을 열어 두 가지를 다 보라는 의미일 것이다. 보도자료를 완제품으로 생각하기 때문이다. 발송자에게 보도자료는 완제품일지 몰라도 받는 기자에게는 중간제품일 뿐이다. 완성품은 최종적으로 매체에 실려 보도되는 기사이다. 보도자료를 받으면 기자는 텍스트의 수정할 부분을 수정한 후 드래그(drag)하여 각 매체의 기사를 싣는 프로그램으로 옮겨 담는다. 서식이 많으면 텍스트로 옮길 때 서식을 푸는 많은 공정을 거쳐야 한다.

사진도 마찬가지 과정을 겪는다. 그러니 워드 파일에 텍스트와 사진을 함께 올려 보내주면 워드 프로그램을 몇 번씩 열고 닫기를 반복해야 한다. 특히 워드 프로그램에 이미지 파일이 있으면 열리는 속도가 느려 가뜩이나 바쁜 시간에 업무가 늦어질 수 있다. 텍스트와 이미지를 각기 다른 이름으로 저장해 별도의 파일로 만드는 과정이 촌음을 다투는 기자에겐 짜증을 유발하는 요소가 된다. 그래서 문서와 이미지 파일로 나눠 별도로 보내주는 것이 정답이다. 보도자료는 중간재란 사실을 꼭 기억해야 한다.

중간재 부품 역할을 하는 보도자료의 경우 아름답게 꾸밀 이유가 전혀 없는 문서이다. 적어도 기자의 생각은 그러하다. 텍스트를 작성한 후 제목만 붙여서 빨리 전달해주면 좋을 텐데 발송자는 그런 마음도 모르고 문서를 보기 좋게 꾸미는 데 열중한다. 그렇게 꾸미기를 할수록 자료를 이용하는 기자에게는 힘든 공정이 된다는 사실을 자료 제공자는 잘 알지 못한다. 자료를 전달받기로 해 재촉하면 "조금만 기다려요. 거의 다 됐어요."라는 답변을 한다. 사실 기자가 원하는 자료는 이미 완성이 됐다. 그들은 그 문서를 보기 좋게 꾸미느라 빨리 발송을 하지 않는 것이다. 이런 일을 한두 번 겪어본 게 아니다. 공무원은 모든 문서를 수려하게 꾸며야 한다는 강한 자기 고집이 있다. 상대는 그렇게 안 해도 된다고 해도 그들은 절대 상대의 말에 귀 기울이지 않는다. 자기 스타일대로 문서를 꾸민 뒤에야 비로소 전달한다.

예쁜 문서는 필요 없다

공무원을 상대로 언론과 관련된 강의를 할 기회가 있을 때마다 "간곡히 부탁드린다."고 표현하며 "제발 꾸미지 말고, 가장 건조한 상태의 문서를 자료로 보내 달라."고 청하지만 그들은 아랑곳하지 않는다. 한국 여성들에게 "당신은 화장 안 한 얼굴이 더 예뻐. 화장 안 하고 다녀도 돼."라고 아무리 감언이설을 해도 그들은 절대 민얼굴로 길거리에 나서지 않는다. 화장

하지 않고 길거리를 다니는 것은 예의가 아니라는 강한 신념을 갖고 있기 때문이다. 공무원이 꾸미지 않은 문서를 외부로 발송할 수 없다는 강한 자기 고집을 부리는 것은 이런 여성들의 심리와 일맥상통한다. 여성들은 화장 안 한 얼굴이 더 예쁘다고 하는 말을 빈말로 받아들인다. 편집하지 않은 보도자료가 훨씬 좋다는 기자의 요구에 반응하는 공무원도 마찬가지이다.

기자는 유난히 형식주의를 거부한다. 예컨대 부서장이나 간부 등이 회사 발전 아이디어, 지면 개편 아이디어, 연하장 발송할 기관 주소 등을 제출하라 했다고 가정하자. 열 명 중 아홉 명의 기자는 아무런 편집을 하지 않은 상태로 문서를 작성해 출력물을 제출한다. 심지어는 이면지에 볼펜으로 적어 제출하기도 한다. 공무원사회에서 있을 수도 없는 일, 아니 생각할 수도 없는 일이지만 기자는 그렇게 한다. 어차피 메모는 메모일 뿐이라고 생각하기 때문이다. 아이디어를 제안하는 메모는 어차피 완제품이 아닌 중간제품이라고 생각하는 것이다. 누군가 취합을 해서 최종 문서를 만든 다음에 편집하면 될 것을 굳이 처음부터 문서를 꾸며 시간을 허비할 필요가 없다고 생각하는 것이다. 이런 면에서 공무원과 기자는 달라도 너무 다르다.

14
홍보도 양보다 질

언론환경은 계속 변한다

종이신문 구독이 하루가 다르게 움츠러들고 있다. 2000년대 이전만 해도 웬만한 중산층 가정은 한 종류의 신문을 구독하는 것이 상례였다. 어딜 가도 신문을 읽는 모습을 목격하기 쉬웠고, 지식인이고 교양인이라면 신문을 읽는 일이 하루의 일상이었다. 신문을 읽지 않으면 대화도 제대로 나눌 수 없는 시절이 있었다. 지금도 종이신문은 발행되지만, 영향력이 예전만 못하다. 거의 모든 신문사는 종이신문을 발행하면서 동시에 온라인신문(인터넷신문)을 운영한다. 그래서 상당수 독자는 오프라인에서 온라인으로 넘어갔다. 온라인을 선호하는 것은 구독료를 내지 않아도 되고, 선택의 폭이 넓기 때문이다. 특히 스마트폰을 이용하면 개인용 컴퓨터의 결정적 단점인 유선화와 휴대 불편이라는 단점까지 완벽하게 극복할 수 있어 모바일 뉴스가 대세를 이루고 있다.

종이신문은 수년 안에 사라질 것이란 예측을 하는 전문가가 많다. 그 시점이 언제가 될지는 누구도 장담 못 한다. 하지만 사라질 수밖에 없다는 사실은 누구도 부인하지 못한다. 디지털 사진기가 출시된 후 필름을 사용하는 아날로그 카메라는 자연 도태됐다. 신문도 그런 과정을 겪을 것이란 게 일반적인 시각이다. 다른 나라에 비해 변화의 속도가 몇 곱절 빠른 대한민국은 종이신문이 사라지는 시점도 다른 나라보다 빠를 것이다. 전 세계 여러 나라 가운데 한국이 가장 먼저 종이신문이 없어지는 나라가 될 것이라는 예측도 많다.

그렇다면 종이신문은 단점만 즐비할 뿐 장점은 없는 매체일까. 종이신문은 적어도 100년 이상 여론을 주도하고 국민의식을 성장시켜 온 중차대한 역할을 하였다. 아직도 지식 상류층과 공·사조직의 의사결정권자 등은 여전히 종이신문을 선호한다. TV에서 신문 보도 내용을 브리핑할 때도 반드시 종이신문의 원본을 이용한다. 종이신문이 아직도 유효하게 이용되는 것은 편집기능을 갖고 있기 때문이다. 지면에 각 기사가 배치된 위치나 크기, 제목의 글자 포인트 등을 보면 그 기사의 중요도가 한눈에 들어온다. 가장 중요한 기사는 상단에 크게 배치하고 중요도가 떨어지는 기사는 하단 구석에 작은 크기로 배치한다. 독자는 쉽고도 체계적으로 분야별 뉴스를 정리할 수 있다.

관심이 뉴스의 경중을 가른다

그러나 인터넷신문의 경우, 편집기능이 없다. 있어도 종이신문처럼 전문화돼 있지 않기 때문에 단순히 텍스트가 나열된 형태에 그친다. 종이신문과 비교할 때 인터넷신문이 갖는 가장 취약한 점은 경중(輕重), 강약(强弱), 대소(大小)의 구별이 약하다는 점이다. 관련 뉴스가 어느 매체에 보도가 됐는지 건수는 확인할 수 있지만 얼마나 비중을 두어 주요 뉴스로 보도했는지는 파악이 안 된다. 독자는 한눈에 뉴스의 경중을 파악할 수 없다. 뉴스의 경중을 독자가 직접 파악한다는 측면에서 오히려 바람직하다는 견해도 있지만, 뉴스를 다루는 전문가가 관심 있게 봐야 할 뉴스를 선별해주는 서비스가 없다. 편집은 전체 뉴스의 골격을 이해할 수 있게 해 주는 한편 제목만 읽고 말 뉴스와 본문까지 읽을 뉴스를 구분하게 해 준다.

공직사회를 지켜보면 인터넷신문이 출현하기 전에도 그러했지만 최근 들어 인터넷신문이 보편화된 이후 더욱 극명하게 나타나는 경향이 있다. 기관이 배포한 자료가 뉴스화돼서 각 매체에 보도가 되면 어느 정도 비중 있게 다루었는지에 대한 평가는 뒷전인 채 몇 개의 매체에 보도가 되었는지만 열중하는 것이다. 그 기사가 얼마나 호소력 있게 어필돼 많은 주민이 관심 있게 읽었는지는 별 관심을 두지 않는다. 중요한 것은 실제 뉴스를 접했는지, 뉴스를 접하고 정책에 관심을 가졌는지, 또는 부정적이던 인식이 긍정적으로 변하는 계기가 됐는지 여부이다. 보도되는 자체가 중요한 것이 아니라 보도된 내용을 읽어야 할 대상인 주민이 읽었는지가 중요하다. 또한, 읽고 이해했는지, 공감했는지가 진정한 관심의 대상이 돼야 한다.

종이신문에서 예를 들어보면 기사가 차지하는 지면 크기는 작은데 제목을 강렬한 문구로 처리하거나, 돋보이는 색깔 박스를 만들어 그 안에 텍스트를 싣거나, 눈길을 끄는 삽화 등을 삽입해 가독성을 높이는 때가 있다. 이 경우 해당 기사의 가독성은 매우 높아지게 된다. 인터넷신문은 편집의 묘미를 살리기 어렵다 보니 오로지 자극적인 제목으로 눈길을 사로잡으려는 경향이 강하다. 그래서 제목은 거창한데 막상 읽어보면 별 내용이 없는 기사가 많다. 제목을 보고 클릭했는데 알맹이가 없는 기사일 때 독자는 '낚였다'는 표현을 쓰며 허탈감을 표출한다. 용인될 만한 수준을 넘어서 제목으로 독자의 눈을 홀려 낚시질을 하는 것은 언론을 뒷걸음질시키는 일이라 할 수 있다.

15
한 이름 두 의미 '기획기사'

기획은 꾸미고 구성하는 것

기자나 홍보업무를 담당하는 기관 또는 기업의 담당자가 아주 흔하게 사용하는 용어 중 하나가 '기획기사'이다. 기획이란 사전적으로 '어떤 일을 꾸미어 계획함'이란 뜻을 갖는다. 그렇다면 기획기사란 꾸미어 계획한 의도적인 기사를 의미한다. 기획기사는 홍보를 이해하는데 아주 중요한 용어 중 하나이다. 그런데 같은 '기획기사'란 용어를 놓고 기자와 기업이나 기관의 업무담당자 간의 의미 차이가 발생한다. 어떠한 일을 꾸민다는 면에서 비슷한 의미지만, 방법을 놓고는 전혀 다른 의미로 사용한다. 각자의 영역에서 각자의 쓰임새대로 사용한다.

기자가 되어 수습 교육을 마치고 실무부서에 배치되면 선배들이 "기획기사를 많이 써야 한다."는 말을 자주 한다. 대충 어림짐작은 하지만 초보기자가 정확하게 무슨 뜻인지 알 리 없다. 뭔가 기획을 해서 심도 있게, 여럿이 정보와 인력을 공유해 쓰는 기사일 것이라고 짐작은 한다. 맞다. 기획해서 심도 있게 쓰는 기사가 기획기사이다. 그렇지만 기획기사 작성이 반드시 장기프로젝트이고 여럿의 공조를 통해 이루어지는 것은 아니다. 기자가 말하는 기획기사란 '보도자료를 기반으로 작성되는 기사', '행사장이나 경기장, 공연장 등을 다녀와서 그 내용을 그대로 담아내는 기사'가 아니라 '평소 기자가 관심 있게 살펴보며 인식한 사회문제에 대해 자신이 탐문과 취재 등의 방법으로 정보를 얻어 작성하는 기사'를 의미한다.

즉 기자가 머릿속에서 아이디어를 발굴해 가설을 세우고, 그 가설을 정보를 수집하는 방법으로 검증해 나가는 것을, 기획취재라 하고 이를 기사화한 것이 기획기사다. 기자사회에서는 기획기사를 많이 써야 진정한 기자로 인정받는다. 기자는 보도자료 100건을 쓰는 것보다 자신이 직접 기획한 기사 1건을 쓰는 것을 더 의미 있다고 본다. 기자의 로망인 특종도 기획기사를 반복해 쓰다 보면 건질 수 있다. 기자는 늘 기획기사를 구상한다. 누구도 '오늘은 어떤 보도자료를 쓸까?'라고 고민하지 않는다. 기자의 고민은 온통 기획기사이다. 기획기사는 기자의 존재 이유라고 해도 과언이 아니다. 기획기사에 대해 고민하지 않는 기자는 무늬만 기자일 뿐 진정한 기자라고 말할 수 없다.

기관이 말하는 기획기사

반면 기업이나 기관이 말하는 기획기사는 개념이 다르다. 기관이나 기업에선 각자의 조직이 중점적으로 추진하는 사업이나 판매에 신경 쓰는 제품을 홍보할 목적으로 기획력을 발휘해 작성해서 매체에 게재되도록 하는 기사를 말한다. 기관의 경우 역점 추진 정책을 많은 주민에게 알리기 위해 기획기사를 활용한다. 기관은 역점 시책이 선정되면 어떤 방식으로든 주민에게 알려 이해를 구하고 성공적으로 실천을 해야 한다. 그래서 다양한 관련 자료를 작성하게 된다. 단편 보도를 통해 자세한 내용을 전달하기 어렵다고 판단할 경우, 기관은 넉넉한 분량으로 정책의 내용을 조목조목 담은 자료를 작성한다. 사진이나 동영상 등의 보도자료도 충분히 준비한다. 이것을 매체에 게재되도록 하는 것이 기관에서 말하는 기획기사이다.

종이신문을 예로 들면 하나의 정책이 보통 한 개의 지면 전체에 보도되는 예가 있다. 물론 그보다 많은 몇 개의 지면에 실리는 때도 있고, 한 면에 못 미치는 분량일 경우도 있다. 하나의 주제로 된 기사가 여러 차례 지면에 실리는 때도 있다. 대개 기관이 주민의 적극적 지지와 동조를 통해 대형사업이나 숙원사업을 밀도 있게 홍보하기 위해 구상한다. 방송이나 인터넷신문에도 기획기사가 실리는 때가 있다. 이런 종류의 기획기사는 단편으로 끝나기도 하고, 시리즈물로 수차례 연속 보도되기도 한다. 여러 매체에 동시다발적으로 또는 차례로 기획 보도를 유도하면 의외로 좋은 성과를 얻어낼 수 있다.

기관에서 매체에 기획기사를 싣는 것은 여러모로 부담스러운 일이다. 모든 매체를 대상으로 할 수 없어 특정 매체를 지정해야 하는 것부터 고민이 시작된다. 인터넷신문이야 상관없지만, 종이신문의 경우 원하는 날짜에 원하는 지면이 허락되는지 확인해야 한다. 방대한 분량의 자료를 준비해야 하는 것도 기관으로서는 부담스러운 일이다. 물론 각 언론사 담당 기자가 자신의 구미에 맞게 내용을 수정 보완하는 게 상례지만 내용 대부분을 기관에서 준비해야 한다. 특정 매체와 밀착할 경우, 타 매체가 서운해할 수 있다는 점도 부담을 느끼는 부분이다. 기관에서 말하는 기획기사는 각종 자료나 팸플릿, 홍보영상, 포스터 등 추가적인 홍보물을 만드는 데도 활용할 수 있어 효용 가치가 높다.

하지만 분량이 많고 기관 홍보 일색의 내용이 대부분이어서 일반 독자로서는 재미없는 기사다. 전체 주민이 공감하고 동조해야 할 내용인 경우에도 인식이 뚜렷이 박힐 때까지 주민은 관조적 자세를 보인다. 기관이 주도하는 기획기사는 한두 번 아니 서너 번 시도했다고 해서 효과로 연결되지 않는다. 여러 매체를 통해 다양하게 여러 차례에 걸쳐 입체적으로 진행해야 주민은 조금씩 관심을 보인다. 독자는 일정 분량이 넘는 기사의 경우 제목만 읽고 내용 전부를 꼼꼼히 읽지 않는다. 정책을 완전히 이해하기 전까지는 시큰둥한 자세로 일관한다. 그래서 기획 보도를 준비할 때는 낙수로 바위를 뚫는다는 각오로 긴 호흡을 갖고 착수해야 한다.

한 가지 더 염두에 두어야 할 문제는 비용이다. 기획기사는 말 그대로 기사이기 때문에 비용이 발생하지 않는다. 언론사가 기사를 써주는 대가로 비용을 받는다는 것은 불법일 뿐 아니라 부도덕한 상행위라 할 수 있다. 하지만 언론사는 민간기업이고 수익 창출을 당연한 목표로 삼는다. 민간기업인 언론사가 운영하는 매체를 이용하면서 아무런 비용을 부담하지 않는다면 언론사는 유지될 수 없다. 그래서 기관과 언론사는 윈윈전략을 구사하게 된다. 종이신문의 경우 기획기사를 작성하면 그 하단에는 그와 관련된 광고를 싣는 경우가 많다. 물론 그 광고의 비용은 기관이 부담

한다. 기사가 나오니 광고가 따라붙은 것인지, 광고가 나오니 기사가 따라붙는 것인지는 생각하기 나름이지만 이렇게 패키지 형태로 기사와 광고가 묶이는 사례가 많다.

기자가 말하는 기획기사

다시 기자가 말하는 기획기사에 대해 말하면, 기자사회에서 기획기사는 그 기자의 존재감이다. 기획기사를 많이 쓰는 기자가 진정한 기자로 취급받는다. 만일 어느 기자가 사회의 변화를 위해 발로 뛰어다니며 취재해서 작성하는 기사는 쓰지 않고 매일같이 기관이나 기업에서 제공하는 보도자료만 작성한다고 하면 진정한 기자라고 할 수 없다. 기자사회에서 제대로 대접받지 못한다. 기자는 기획기사를 쓰지 않고 보도자료만 쓰거나 행사 기사만 쓰는 기자를 일컬어 '필경사(筆耕士)' 또는 '대서소(代書所)', '드래그(drag)기자'라고 얕잡아 칭한다.

세상에 막대한 영향을 끼치고 잘못된 관행을 바로잡는 계기가 되는 기획취재를 하고 제대로 된 기사를 써야 비로소 진정한 기자로 인정받는다. 기자가 기획취재를 해서 작성하는 기사는 거의 각 면의 머리기사로 자리를 잡는다. 기관이나 기업이 제공하는 자료로 작성한 기사를 머리기사로 배치하는 것은 자존심 상하는 일이란 의식이 언론인 사이에는 팽배하다. 기자는 기획기사와 보도자료에 의해 작성된 기사를 구분할 줄 안다. 제목만 봐도 안다. 그래서 기자는 각 매체에 실린 기사를 살펴볼 때 기획기사만 읽는다. 기획기사만 읽어보고 그 기사를 쓴 기자나 매체를 평가한다.

그래서 기자가 말하는 기획기사는 기자의 자존심과 직결된다.

기획기사는 언론사, 언론사에 자료를 제공하는 기업이나 기관이 서로 다른 의미로 사용한다. 하지만 양자 모두 긍정적 의미로 통용된다. 언론사에서는 기자가 기획취재를 해서 작성했으니 기획기사가 되는 것이고, 기관이나 기업은 정책이나 제품 홍보를 위해 기획력을 발휘해 자료를 작성하여 각 매체에 배포해 보도되게 했으니 기획기사가 된다. 기자와 공무원 또는 기업인이 만나서 이야기를 나누다 보면 '기획기사'라는 같은 말을 놓고 서로 다른 의미로 사용하고 있음을 확인하게 된다. 기자는 기획기사만 자신이 쓴 기사라고 생각한다. 보도자료를 카피해 쓰는 기사도 자신의 이름을 적어 기명(記名)으로 작성하지만, 자신의 기사가 아니라고 생각한다.

16
한 사람을 생각하며 시행하는 홍보

주민을 어디에 둘 것인가

몇 번 반복해서 이야기하는 것은 그만큼 중요하기 때문이다. 기관의 홍보 극대화 방법은 첫째도, 둘째도, 셋째도 주민을 바라보고 행정을 수행해야 한다는 점이다. 이 사실은 아무리 강조해도 지나치지 않다. 정부 부처가 됐든, 지방정부가 됐든, 해외 공관이 됐든, 분야별 어떤 행정을 집행하는 기관이 됐든 존재 이유는 국민, 주민의 안전과 행복이다. 기관을 운영하기 위한 재원도 그들의 주머니에서 나왔고, 각 기관이 존재하는 이유도 주민의 안전과 행복이다. 모든 행정의 초점은 주민에게 맞춰져야 한다. 주민은 행정의 수혜 대상이면서 민원인이고, 감시자이다. 행정이 그들에 맞게 구상돼야 하고, 진행돼야 하는 것은 너무도 당연하다.

그러나 주민이 그만큼 존중받고 대우받고 있을까? 행정을 가까이서 지켜본 입장에서 동의하기 어렵다. 주민이 공무원에 대한 인사권을 갖지 못하기 때문이다. 그들이 그토록 원하는 인사에 대한 권한은 기관장에게 전적으로 달려있다. 그런 생각 때문인지 공공기관은 기관장 한 사람이 모든 권한을 움켜쥐고 있고, 모든 조직원이 그 한 사람에 집중한다. 그러다 보니 누구랄 것 없이 기관장과 정치인에 대한 의전(儀典)에 모든 신경이 쏠려 있다. 그래서 '정책에 실패한 공무원은 용서해도, 의전에 실패한 공무원은 용서 못 한다.'는 것이 공무원의 신념이라는 조롱 섞인 이야기가 주민들 사이에서 회자되기도 한다.

거듭 강조하는 탈관료주의

'주민이 얼마나 정보를 접하게 될까?', '주민이 얼마나 관심을 두고 홍보물을 접할까?', '주민은 무엇이 궁금할까?', '어떻게 해야 한 명이라도 더 많은 주민이 정책을 이해하게 할까?' 등의 생각을 하며 작성하는 보도자료는 언론이 알아보고 우대한다. 기자도 주민이려니와 그들은 늘 독자의 반응을 생각하는 버릇이 있다. '어떻게 하면 주민이 관심 있게 읽을 기사를 많이 작성할까?'를 늘 고민한다. 그 시각을 갖고 지켜보면 기관에서 보내는 보도자료가 양에 차지 않는 것은 당연하다. 기사를 다루는 전문가인 기자와 언론사 임원은 기관에서 작성해 보낸 보도자료의 단 몇 줄만 읽어보면 뉴스밸류를 측정할 수 있다. 기관이 작성하는 대부분 자료는 주민 중심이 아니다.

'어떻게 하면 기관장의 이름과 얼굴을 언론매체에 많이 실을까?', '어떻게 하면 하나라도 더 많은 매체에 자료가 실릴까?', '어떻게 써야 기관장이 좋아하는 내용이 실릴까?', '어떻게 해야 직원들이 고생한 것이 기관장에게 전달되고 세상에 알려질까?' 등을 생각하며 자료를 작성한다. 그러니 그 관점이 독자와 어긋나고, 언론사와 어긋난다. 관점이 어긋나게 되니 성공한 홍보를 할 수 없다. 민간기업은 '어떻게 하면 세상의 주목을 받나?'를 생각해 다소 자극적 문구를 사용하거나 노이즈마케팅(Noise Marketing)을 통해 일부러 구설에 오르기도 하지만 공공기관은 전혀 그런 일을 도모하지 않는다. 최대한 차분하고 착실하게 홍보하고 싶어 한다. 그런 만큼 세상의 주목을 받기가 쉽지 않다.

17 언론홍보에 성공한 지자체들

겨울철 세계 7대 불가사의, 화천

강원도 화천은 주민 인구가 2만 5000명이 안 되는 초미니 지자체이다. 도시지역 한 개 동 인구도 안 되는 적은 주민이 거주한다. 하지만 산천어와 얼음이라는 독특한 아이템으로 일약 전국 최고의 지역 브랜드를 갖게 되었다. 종전의 화천 이미지는 '멀다'와 '춥다'가 절대적이었다. 남한의 동북쪽 끝에 있는 화천은 전국 어디서든 접근성이 최악이다. 더구나 전국에서 가장 추운 지역으로 알려졌다. 멀어서 가고자 하는 마음도 생기지 않고, 추운 곳에 가서 고생할 것을 생각하면 더욱이 나설 마음이 생기지 않는다. 하지만 사람들은 화천으로 간다. 이 모든 것이 홍보의 힘이라 할 수 있다.

화천군은 단점이라고만 생각했던 이 두 가지를 장점으로 살려내 오지에서 즐기는 겨울 축제로 입소문을 이끌었다. 가족 단위 관광객이 찾아오기 편하게 관광열차를 운행하거나 여행사가 상품으로 개발해 관광버스를 운행하도록 유도했다. 전국에서 열리는 지역 축제 대부분이 봄과 가을에 집중된 가운데 화천은 겨울을 택했다. 축제 홍보가 겨울에는 많지 않아 집중 조명을 받았다. 추위와 얼음이 사라진 겨울이지만 화천에 가면 추억을 곁들여 추위와 얼음을 만날 수 있다고 대대적으로 홍보했다. 2만 5000명이 거주하는 화천에, 한 해 겨울이면 100만~150만 명의 관광객이 다녀간다. 전국은 물론 세계의 축제로 발돋움하고 있어 미국 CNN이 '겨울철 세계 7대 불가사의'라고 비중 있게 보도하기도 했다.

머드축제를 태양만큼 뜨겁게, 보령

충남 보령의 머드축제도 화천의 산천어축제와 비슷한 면이 있다. 일단 봄과 가을이 아닌 한여름을 축제의 시즌으로 잡았다는 점이다. 진흙이라는 보잘것없는 소재를 획기적 축제 아이템으로 삼아 국내를 뛰어넘어 세계적 축제로 발전시킨 것은 모두 홍보의 힘이다. 보기만 하는 축제에서 벗어나 즐기는 축제로 콘셉트를 맞췄다는 점도 주목받았다. 화천 산천어축제나 보령 머드축제의 공통점은 사진 촬영을 했을 때 앵글에 잡히는 풍경이 역동성이 넘친다는 점이다. 여름이나 겨울은 움츠러들기 쉬워 생동감을 찾기 어려운 계절이다. 하지만 항공사진도 그러하고 근접사진도 그러하고 생동감을 표출하기에 더없이 좋은 장면이 연출된다. 움츠러들기 쉬운 계절에 생동감 있게 즐기는 사진이나 영상을 보면 누구라도 동참하고 싶은 마음이 생기게 마련이다. 백 마디 말보다 사진 한 장이 홍보에 중요하다는 것을 입증한 대표적 사례이다.

10일간 진행되는 머드축제에는 150만~200만 명의 관광객이 다녀간다. 외국인도 30만~40만 명이 다녀가는 것으로 파악된다. 축제에 그치지 않고 보령지역에서는 마스크팩, 비누, 샴푸, 선크림, 로션 등 머드를 이용한 각종 제품을 특산물로 개발해 연중 높은 판매액을 올리고 있다. 축제를 홍보해 지역 브랜드 가치를 파격적으로 끌어올리고 경제적 실익까지 챙긴 대표적 사례가 보령 머드축제이다. 덕분에 보령은 머드의 도시가 되었다. 각 언론매체를 통해 매년 대대적인 홍보가 이루어지는 바람에 보령은 머드라는 상품과 결합해 대표적인 해양관광지가 됐다. 전국에 해양도시는 많지만, 언론을 통해 확실한 관광 이미지를 구축한 곳은 보령이 으뜸이다.

품바 품바 잘도 한다, 음성

대개의 사람은 왜 충북 음성에서 각설이 잔치인 품바축제를 여는지 알지 못한다. 그러나 현지를 다녀오면 무릎을 치며 "굿 아이디어!"라고 공감의 표현을 한다. 음성은 국내 대형 사회복지시설의 효시라 할 수 있는 꽃동네가 있어 유명한 지역이다. 대개의 사람은 꽃동네를 알고 오웅진 신부를 알지만 오 신부에게 사회복지시설을 건립하게끔 결정적 동기부여를 한 고(故) 최귀동 노인에 대해서는 잘 알지 못한다. 거지 성자로 불린 최귀동 노인은 음성 금왕읍 무극리 시장통 다리 밑과 용담산 움막에서 무려 40년 동안 구걸조차 할 수 없는 처지의 20명에 가까운 이들을 보호하였다. 그분의 인류애를 재조명하고, 서로 돕고 배려하며 살아가는 사회를 만들자는 취지로 지난 2000년 전국 각설이들을 불러 모아 제1회 음성 품바축제를 열었다.

해가 거듭될수록 숭고한 뜻이 입소문을 타고 언론 등을 통해 알려지면서 음성 품바축제는 손꼽히는 지역 축제로 자리 잡았다. 지역의 대표적 시설인 꽃동네와 그 설립 동기를 부여한 최귀동 노인의 인간 사랑을 축제의 테마로 잡은 것이다. 이러한 스토리텔링은 언론의 호기심을 자극하기에 충분했고, 그 덕에 스토리가 있는 축제, 그러면서도 해학과 신명이 넘치는 축제로 자리를 잡았다. 초기에는 음성군의 기획 의도를 제대로 이해하지 못한 주민이 "왜 하고많은 축제 중에 거지(각설이) 축제를 하느냐?"며 지역 이미지가 추락할 것을 걱정하고 불만을 표출했다. 하지만 지금은 주민이 품바축제를 무척 자랑스러워하고 적극적으로 참여하고 있다.

주식회사 장성군이라는데, 장성

'주식회사 장성군'이라는 제목의 책이 있다. 눈과 귀를 솔깃하게 하는 제목이다. 공무원 조직에 주식회사라는 이름을 붙인 것은 대단히 역설적이다. 제목만 들어도 전남 장성군이 뭔가 혁신적인 변화를 추진해가고 있음을 짐작하게 한다. 지금 거의 모든 지자체가 실시하고 있는 '시민 교양아카데미'의 원조는 '장성아카데미'이다. 공무원은 물론 주민까지 지속적인 교양 교육을 통해 의식을 바꾸고, 자신감을 배양시키는 자양분 역할을 한 것이 장성아카데미이다. 10년 넘게 아카데미가 운영되면서 교육의 효과가 나타나기 시작했다. 특히 공무원이 변화의 중심에 섰다. 수동적이고 방어적이었던 공무원이 능동적이고 공격적으로 변했다. 그러면서 자발적으로 기업 유치에 나서고, 주민을 대하는 의식과 태도가 확연히 바뀌었다.

장성군의 이 같은 변화가 입소문을 타면서 연중 전국의 지자체 공무원이 변화와 혁신을 벤치마킹하기 위해 장성군을 찾는다. 전국 지자체에 교양아카데미가 설립된 것은 이 때문이다. 심지어는 대기업 사원도 장성군 공무원의 마인드를 배우러 온다. 장성군의 변화는 군이 홍보하려고 몸부림치지 않아도 각종 매체가 앞다퉈 취재 경쟁을 벌이고 있고, 장성을 방문한 이들이 SNS를 통해 자발적으로 군을 홍보하는 일이 너무도 자연스러운 일상이 되었다. 알아서 홍보하게 만드는 장성군의 힘은 놀라웠다. 참신한 아이디어로 홍보의 효과를 단단히 누린 장성군은 지역 전체를 학구적이고 교양 있게 이미지를 구축하는 성과도 올렸다. 장성 주민은 모두가 학구적인 것 같고, 장성에 가면 모든 대화가 교양 있게 진행될 것 같은 이미지를 갖게 한 것은 홍보의 힘이다.

느끼하지 않은 치즈의 고장, 임실

전북의 산골 마을 임실은 치즈의 고장이다. 1980년대 들어서 한국 땅에 서양식 레스토랑이 우후죽순 들어서면서부터 피자가 알려지기 시작했다. 그보다 앞서 1967년 임실군 임실읍 갈마리에서 치즈가 생산됐다. 벨기에 출신으로 한국 이름 '지정환'이라는 신부가 농민의 소득 증대를 위해 치즈를 생산하기 시작한 것이다. 지정환 신부는 산양유를 이용해 영국식 체다, 프랑스식 포르살뤼, 이탈리아식 모차렐라 등의 치즈를 생산해 서울 소재 특급 호텔에 납품하기 시작하였다. 처음부터 시장이 확보되지는 않았다.

1981년 치즈를 생산하는 농민들이 협동조합을 결성하였고, 산양유 대신 우유를 이용해 치즈 생산을 소량에서 양산 체제로 바꾸었다. 때마침 1980년대부터 모차렐라 치즈의 붐이 일기 시작하였다. 이때부터 치즈신협은 치즈농협으로 변모하였고 대형 최신 설비를 갖추며 임실은 본격적으로 치즈의 고장으로 알려지기 시작했다.

체험형 관광지인 임실치즈테마파크가 13만㎡ 규모로 조성되었고, 언론의 집중 조명을 받았다. 유치원생이 체험을 즐기며 치즈를 만드는 영상이 TV를 통해 수시로 전국의 가정에 소개됐다. 가족 단위로 찾아가면 치즈를 이용해 다양한 체험을 할 수 있는 것은 물론이고 다양한 치즈 상품을 구매할 수 있다는 사실이 알려졌다. 치즈를 집중적으로 홍보해 지역과 연관시키는 브랜드화에 성공하며 임실은 누구나 인정하는 치즈의 고장이 되었다. 더불어 소중한 관광자원을 주민의 힘으로 만들었다. 위대한 홍보의 힘을 주민 모두가 실감하고 있다. 임실 뒤에 치즈란 단어가 자연스럽게 따라붙으면서 임실치즈의 유명세는 더해가고 있다.

명품 교육도시, 거창

경남의 작은 군 거창은 교육도시라는 거창한 타이틀을 거머쥐었다. 대입 결과가 발표될 때마다 거창은 모든 언론의 집중 조명을 받았다. 국내 최고의 대학에 가장 많은 합격자를 배출하는 지역 중 한 곳이 바로 거창이기 때문이다. 지자체가 중심이 돼 '명품 교육도시 만들기' 프로젝트를 체계적으로 진행하였다. 거창의 교육혁명 소문을 듣고 우수 인재들이 거창으로 몰려들었고, 성과는 더욱 크고 빠르게 나타났다. 외국어 교육특구 지정의 여파로 전국 군 지역 중 최초로 토익시험 정기 고사장이 운영되는 것을 비롯해 장학기금이 자그마치 100억 원 조성되었다. 군 조례 개정을 통해 교육경비지원기준 보조율을 지방세의 3%에서 15%로 파격 인상했다. 전국의 지자체 가운데 거창만큼 전폭적으로 교육에 투자하는 곳은 없다. 이러한 과감한 투자와 지역적 관심을 통해 공교육을 내실화해 거창은 명품 교육도시라는 아주 훌륭한 닉네임을 갖게 되었다.

더는 교육을 위해 대도시로 나가지 않아도 된다는 확실한 신념을 모든 지역민에게 심어준 쾌거이다. 거창은 교육을 통해 농촌을 살려낸 가장 모범적인 사례이다. 물론 명품 홍보전략이 이를 뒷받침해 주었다. 언론홍보가 뒷받침되지 않았다면 거창군이 교육도시로 부상하기란 쉽지 않았을 것이다. 각 언론은 시골 마을 거창에서 이루어지는 교육을 통한 변화에 주목했다. 도저히 불가능하다고 믿었던 일들이 현실화하는 것을 지켜보며 교육문제로 고심하던 전국의 지자체들은 힘을 얻었다. 교육문제를 해결하면 나머지 문제들 가운데 많은 것들이 저절로 해결됨을 실증한 지자체가 바로 거창군이다.

한 구절로 홍보를 끝낸, 안동

2006년 7월 4일 경북 안동시는 '한국 정신문화의 수도 안동'이라는 브랜드를 특허청에 등록했다. 지자체가 브랜드를 특허청에 등록한 것도 놀라운 일이었지만 '한국 정신문화의 수도'라는 표현은 한국인의 정신문화를 장악하고 있는 유학과 유교의 도시 안동을 가장 적절하게 표현했다는 점에서 극찬을 받았다. 이후 안동시는 이 문구로 도시 곳곳에 갖가지 형태의 광고물을 만들었고, 각종 매체에도 대대적으로 홍보했다. 이 문구의 힘은 대단했다. 유교와 관련된 굵직한 국가사업이 안동을 중심으로 진행되었고, 관광객도 구름처럼 몰려들었다. 때마침 한국국학진흥원이 도산서원으로 가는 길목에 건립되며 시너지효과를 유발했다.

한국국학진흥원은 한국학 자료의 수집 및 보관과 연구를 통합적으로 수행하기 위해 설립된 국내 유일의 한국학 전문 연구기관이다. 간결하지만 도시의 이미지와 품격을 한마디로 정리한 이 문구를 통해 안동은 참으로 많은 것을 얻었다. 안동은 전통적인 지역 거점도시였지만 산업화 시대에 낙후지역으로 전락했으나 다시 문화의 시대를 맞아 부활의 날갯짓을 하고 있다. 안동 인근의 영주, 문경, 예천 등지도 같은 경북북부 유교문화권 지역이지만 유교 문화라는 말을 들으면 가장 먼저 떠오르는 도시가 안동이다. 안동이 이처럼 다른 지역을 제치고 대표도시로 부상한 것은 '한국 정신문화의 수도'라는 문구를 앞세운 적극적인 언론홍보의 역할 때문임을 누구도 부인하지 못한다.

18 전문 대행사의 활용도 고려해 볼 만

세상은 전문화되고 있다

건설사를 예로 들어보자. 초대형 건축물을 축조하고 대규모 토목공사를 벌이는 것은 물론 해외공사에 참여하고 대형 플랜트 사업을 벌일 수 있는 대기업이 있는가 하면, 작은 상가나 주택을 건축하거나 소규모 토목사업을 벌일 수 있는 비교적 규모가 작은 회사도 있다. 아파트를 지어 분양할 수 있는 회사라면 대기업으로 분류된다. 작은 규모 회사는 아파트 사업을 벌이는 것이 로망인 경우가 많다. 그만큼 회사 브랜드를 높일 수 있고, 기대 이익도 크기 때문이다. 대기업 건설사와 소규모 건설사는 기술력, 자금력 등에서 엄청난 차이를 보인다. 하지만 가장 큰 차이를 실감할 수밖에 없는 분야는 홍보력이다.

아파트를 신규 분양할 때 TV와 라디오 등 전파광고부터 시작해 신문이나 잡지 등의 각종 인쇄 매체 광고, 전단이나 홍보물을 통한 광고, 모바일이나 인터넷을 이용하는 광고 등을 동시다발적으로 진행해야 한다. 건설

회사가 아파트 분양을 할 때만큼은 전사적으로 매달려 총력을 기울인다. 대기업의 경우 전담 홍보부서가 조직돼 있고, 분양을 담당하는 부서도 조직력을 발휘할 정도로 정예화돼 있다. 그렇지만 규모가 작은 회사는 사정이 다르다. 전담부서가 없거나, 있어도 작은 규모이다. 관련 부서에 근무하는 직원 한두 명이 홍보업무를 겸해서 맡는 경우가 많다.

대기업이야 인지도가 있고 자본력, 인력 등이 넉넉하지만 중소기업은 그렇지 못하다. 인지도가 떨어지기 때문에 실상 분양의 성공을 위해서는 더 집중해서 홍보를 전개해야 하지만 사정은 여의치 못하다. 그렇다고 회사의 명운을 걸고 벌이는 분양사업을 대충 진행할 수도 없다. 아파트 분양이야말로 홍보에 살고, 홍보에 죽는 경우가 허다하다. 필사적으로 홍보를 해야 성공할 수 있다. 중소기업은 조직을 최소화해야 생존할 수 있다. 1년에 한 번 또는 2~3년에 한 번 있는 분양 홍보를 위해 적지 않은 인원을 상시인력으로 유지하는 것은 경제적이지 못하다. 그렇다고 홍보 과정을 생략하거나 축소한 채 분양에 돌입할 수는 없다.

아웃소싱이 다 해결해 준다

이런 문제점을 해결해 주는 것이 바로 광고대행사이다. 주지하다시피 현대사회는 분업의 사회이고, 전문화의 사회이다. 더불어 아웃소싱이 일반화돼 있는 사회이다. 광고대행사는 회사가 안고 있는 이런 문제점을 해결해 주는 회사이다. 홍보 분야에 상시인력을 둘 수 없는 회사를 위해 특정 사안이 있을 때 집중적으로 홍보업무를 대행해 주는 회사이다. 홍보담당 상근 조직을 두기 어려운 중소기업 건설사는 홍보대행사를 활용하면 단기간에 걸쳐 집중적으로 홍보를 진행할 수 있다. 홍보대행사의 경우, 전문가 집단으로 구성돼 있어 홍보력을 집중할 수 있을 뿐 아니라 효율성도 극대화할 수 있다. 홍보대행사도 차츰 세분돼 특정 분야에 대한 전문가가 속속 등장하고 있다.

중소기업뿐 아니라 상근 조직을 운영하는 대기업도 홍보대행사를 이용하는 경우가 날로 늘고 있다. 상근 인력을 줄이고 사안이 있을 때마다 홍보대행사를 이용하는 것이 유리하다고 판단하기 때문이다. 특히 대기업은 전문 홍보대행사를 자회사로 두어 계열사의 홍보업무를 대행하게 하는 경우가 일반적이다. 기업뿐 아니라 근래에는 공공기관도 큰 행사를 진행하면서 홍보대행사를 활용하는 경우가 많다. 아웃소싱이 일반화된 이후 각 조직은 부정기적인 업무를 아웃소싱을 통해 해결하는 일이 많아졌다. 비교분석을 통해 잘 평가해봐야겠지만 잘 활용하면 '누이 좋고 매부 좋고'의 효과를 기대할 수 있다.

지자체는 연중 한두 차례 큰 축제를 개최하는데 이때 홍보대행사를 이용하면 최소 인원으로 효율적인 홍보를 진행할 수 있다. 이벤트 기획사를 이용해 행사 자체를 용역으로 맡기는 경우는 상당히 보편화됐지만, 홍보 관련 항목만 대행사를 이용하는 것은 흔치 않다. 더러는 행사기획사가 홍보대행사를 겸하는 사례도 있어 이들에게 행사와 홍보를 모두 일임하기도 한다. 각 지자체의 형편에 따라 전문 대행사를 이용하면 업무량을 반감시키면서 보다 탁월한 효과를 볼 수도 있다. 여행사에 여행을 위탁하듯 직원교육이나 주민교육 등을 전문 교육대행사에 일괄 맡기는 경우도 점차 늘고 있다.

기관이 전문 대행사를 이용해 업무를 추진할 때, “공무원이 제 할 일을 안 하고 업체에 일을 맡겨 편하게 일하려 한다.”라고 부정적인 시각을 보이는 주민도 있을 수 있지만, 속사정을 살펴보면 그렇지 않다. 전문성 있는 업체가 일을 대행하게 되면 신속 정확하게 일을 추진할 수 있고, 비용도 오히려 절감할 수 있다. 전문업체는 언론매체나 광고매체를 자주 이용하기 때문에 소통이 원활하고 일 처리도 빠르다. 새로운 일을 파악하고 일일이 매체를 상대하면서 많은 시간을 허비하는 것보다 전문업체에 일을 맡기고 그 시간에 다른 일을 하는 것이 훨씬 효율적일 수 있다. 세상은 점차 아웃소싱의 시대로 흘러가고 있다.

19
언론 이외의 정책홍보 수단

일단은 언론이 중요하지만

정치는 국가가 징수한 세금을 어떤 순서대로 집행할 것인지를 결정하는 활동이다. 보수정당이 집권했다는 것은 다수의 국민이 안보나 개발(SOC) 등에 대한 기대감이 크다는 것을 의미한다. 반면 진보정당이 국민의 선택을 받았다면 복지나 교육 등의 분야에 대한 더 많은 예산 배정을 원하는 것으로 해석하면 된다. 정치가 국가 예산의 큰 줄기를 잡는 활동이라면 행정은 분야별로 확정된 예산을 다시 해당 분야 내에서 어떻게 우선순위를 두어 집행할 것인지를 결정하는 활동이다. 정치가 큰 줄기이고 본류라면 행정은 작은 줄기이고 지류라고 할 수 있다. 그래서 행정은 주민이 실제로 체감하는 소소한 부분을 다루게 된다. 그래서 행정을 할 때는 기관이 시행하는 정책의 방향이 어디로 흘러가고 있는지를 주민에게 알려야 할 의무가 있다. 그래야 주민이 소외됨 없이 서비스 혜택을 입을 수 있다.

앞서 밝힌 대로 정책홍보를 하는 가장 탁월한 수단은 언론을 통하는 것이다. 언론을 경유하면 신뢰감을 동반할 수 있고, 신속하고 정확하게 효율적으로 정보를 전달할 수 있다. 기자라는 전문가의 손을 거치며 포장되고 다듬어진다는 점과 별도의 비용이 발생하지 않는다는 점도 언론홍보의 큰 장점이다. 정책을 홍보하는 데 있어 언론의 역할은 절대적이다. 언론을 통한 홍보를 먼저 구상하고 이후에 다른 방법을 부가적으로 모색하는 것이 합리적이다. 그만큼 정책홍보를 하는 데 있어 언론의 역할이 크기 때문이다. 하지만 언론홍보 외에도 정책을 홍보할 방법은 얼마든지 있다. 정책의 성격에 따라, 규모에 따라, 대상에 따라, 홍보해야 할 범위에 따라 가장 적절한 방법이 있기 마련이다.

그때그때 달라지는 홍보

정책을 세우고 집행하는 공무원은 모든 점을 고려해서 홍보의 방법을 선택해야 한다. 특정 지역 주민을 대상으로 집중적으로 홍보해야 할 일에 굳이 언론을 동원할 필요는 없다. 다양한 홍보 방법의 하나는 단행본 책자를 발행하는 일이다. 홍보의 대상이 제한적이고, 다양한 각도에서 깊이 있는 내용을 전달하고자 할 때는 책자를 발행하는 것이 효과적이다. 책자는 기록성도 있어 잘 만들어 두면 두고두고 활용할 수 있다. 단기간에 이루어지는 행사나 특정 지역 안내 등을 목적으로 할 때는 팸플릿을 제작해 집중적으로 배포하는 것이 가장 효율적이다. 공연이나 전시, 행사 등을 안내하는 방법으로 포스터도 잘 활용되고 있다. 특정인을 대상으로 집중적인 설득을 필요로 할 때는 주민설명회, 특정 사안에 대한 논리 개발이나 여론

형성을 할 때는 토론회가 적합하다. 전문가 개인이나 집단, 학회, 연구소 등의 자문을 얻고자 할 때는 학술용역, 연구용역을 발주해 회신된 내용을 적극적으로 활용하는 것도 중요한 정책홍보의 수단이 된다. 주민교육을 통해 설득과 이해를 구하는 것도 정책홍보의 방법으로 이용된다.

홍보해야 할 프로젝트가 장기사업인지 단기사업인지, 전국을 대상으로 하는 사업인지 특정 지역만을 대상으로 하는 사업인지, 불특정 다수를 대상으로 하는 사업인지 특정 소수를 대상으로 하는 사업인지를 구분한 후 그에 따른 홍보전략을 수립해야 한다. 방송국의 경우, 지방방송을 섭외할 것인지, 전국방송을 섭외할 것인지도 정책의 규모에 따라 적절히 선택해야 한다. 인터넷이야 무관하겠지만 종이신문의 경우 전국지를 선택할 것인지 지방지를 선택할 것인지도 선택해야 한다. 언론홍보가 가장 기본이지만 모든 정책홍보를 언론홍보로 할 필요는 없다. 사안에 따라 최적의 홍보 방법을 선정하면 최소 비용으로 최대의 홍보 효과를 거둘 수 있다.

20 변화하는 시대, 변화하는 언론

무너진 양강체제

떨어져 있는 개인 간 커뮤니케이션을 하는 방법이 인편을 통해 말을 전하거나 서찰을 보내는 방법이 유일하던 시절이 있었다. 이 시절은 아주 오래갔다. 국가나 지방정부가 정책을 알리고자 할 때 파발을 띄우거나 봉화를 피거나 방을 붙이는 것이 전부였던 시절이 있다. 활자가 발명된 이후 인류의 생활 패턴은 바뀌기 시작했다. 활자는 주로 책을 만드는 데 이용됐다. 19세기에 이르러 고속으로 대량의 인쇄물을 찍어낼 수 있는 기술이 발달하고 철도가 새로운 운송수단으로 생겨나면서 신문이 탄생했다. 사실상 최초의 매스커뮤니케이션이다. 이후 신문은 100년 넘게 매체의 강자로 군림했다. 라디오가 생겨나고 TV 보급이 보편화된 이후에도 신문은 새로운 특화전략으로 건재함을 이어갔다.

라디오와 TV 보급이 확대된 이후 오히려 짧은 뉴스를 통해 궁금증을 키운 사람들은 더 심층적이고 다면적인 내용에 대한 호기심이 커져 신문을 찾게 됐다고 한다. 특히 신문은 휴대가 가능한 매체라는 점에서 인기를 구가했다. 라디오나 TV의 경우, 정해진 시간까지 기다려야 뉴스를 접할 수 있지만, 신문은 원하는 시간에 원하는 뉴스를 선택해서 접할 수 있다는 점이 강점으로 작용했다. 신문은 시간과 공간의 제한이 상대적으로 덜하다는 장점을 기반으로 오랜 세월 언론매체의 수위 자리를 지켰다.

그러다가 신문을 무력하게 만들기 시작한 것은 인터넷이었다. 인터넷 역시 신문처럼 원하는 시간에 이용할 수 있다는 점이 강점으로 작용했다. 더욱이 검색 기능을 통해 지난 뉴스를 수시로 꺼내어 사용할 수 있다는 점이 큰 매력으로 작용하였다. 간과할 수 없는 사항은 종전까지 어떤 형태든 뉴스는 일방적 공급자와 수용자가 엄격히 구분되었지만, 인터넷 출현 이후 쌍방 간의 커뮤니케이션이 가능해졌다는 점이다. 즉 종전 매체는 언론이 일방적으로 작성해 보도한 뉴스에 대해 수용할 수밖에 없었지만, 인터넷 출현 이후 반론을 제기하거나 독자의 의견을 제시할 수 있게 됐다. 인터넷은 활자는 물론 사진(이미지), 동영상과 보이스(소리)를 무한대로 업로드할 수 있다는 강점까지 갖췄다.

그러니 방송과 신문이 가진 장점을 모두 수용했다고 해도 과언이 아니다. 물론 예나 지금이나 인터넷은 방송과 신문이 제공하는 콘텐츠에 크게 의존하고 있다. 인터넷의 확산은 종전의 신문과 방송이라는 투톱 체제로 운영되던 매스컴 시장에 변화의 단초를 제공했다. 그러나 유선 매체라는 점, 비교적 큰 부피의 장비를 필요로 한다는 점이 한계로 작용했다. 화장실에 신문을 가지고 들어갈 수는 있지만, 인터넷을 활용하기 위해 PC를 가지고 들어갈 수는 없었다. 기차나 버스를 탈 때도 상황은 같았다. 그러던 중 인터넷의 장점을 그대로 수용하고 단점을 일시에 소거한 새로운 시스템이 출현했으니 그것이 바로 모바일 스마트폰이다.

모바일이 갑이다

모바일 스마트폰은 시간과 공간을 초월했을 뿐 아니라 소형화·경량화·무선화를 통해 인터넷이 갖는 단점을 일시에 극복했다. 더욱이 한국은 세계에서 가장 빠른 인터넷 환경과 이동통신 환경을 갖추고 있어, 유무선 인터넷과 모바일 스마트폰의 보급이 확대된 이후 사실상 신문과 방송이 무력화되기 시작했다. 특히 영상매체인 방송에 비해 활자매체인 신문의 위상 하락은 더욱 가파르게 나타나고 있다. 쉽게 정리하면 스마트폰이 대세이다. 정책홍보를 비롯해 모든 홍보와 공고 등 대중에게 알리는 일은 스마트폰을 기반으로 진행하는 것이 정답이다. 따라서 정책홍보 입안자는 어떻게 하면 스마트폰을 최대한 활용해 가장 합리적인 홍보를 할지 고민해야 한다.

광고도 마찬가지이다. 대중은 이제 신문이나 잡지를 멀리하기 시작했다. 대중의 눈은 틈만 나면 스마트폰을 향하고 있다. 남녀노소의 구분이 없다. 그러니 그들이 집중하고 몰입하는 스마트폰에 메시지를 날려야 그들에게 전달된다. 그 점을 절대 잊어서는 안 된다. 홍보도 광고도 스마트폰 안에서 어떻게 눈길을 사로잡을 것인지를 궁리해야 한다. 그래서 기관이나 기업, 단체가 모두 관심 두고 집중적으로 공략하기 시작한 것이 소셜네트워크서비스(SNS)이다.

실상 스마트폰이 일상화되고, SNS가 보편화한 이후 방송이나 신문 매체가 생산한 뉴스도 SNS를 통해 접하게 되는 경우가 많다. 인터넷 보급이 일반화된 이후 각 가정이 신문 구독을 끊고 인터넷에 접속해 포털을 통해 뉴스를 접하기 시작한 것과 같은 맥락이다. 신문과 방송 매체는 뉴스를 생산하는 역할을 하고 유통하는 역할은 포털과 SNS가 맡아 하는 것이 일반적이다. 포털과 SNS가 뉴스를 유통하는 기능을 맡게 됐다는 것은 양자를 통해 홍보와 광고가 이루어져야 가장 효과적이라는 것을 의미한다. 스마트폰과 SNS는 모든 홍보의 최우선 공략 대상으로 자리를 굳혔다.

일련의 사실을 정리해보면 정책홍보 담당자는 종전과 다른 홍보마인드를 가져야 한다. 발행 부수가 많은 신문, 지상파 위주의 방송이 주력이라는 의식에서 벗어나야 한다. 모든 매체를 균등하게 대하여 최대한 많은 매체에 정책이 노출되도록 하고 SNS를 통해 빠르게 대량으로 확산할 방안을 마련해야 한다. 이 경우 종전처럼 홍보부서 단독으로 일을 진행하는 것은 무리이다. 전 직원이 적극적으로 SNS를 통해 정책홍보를 할 수 있도록 유도하고 독려해야 한다. 각 기관이 다퉈 전문가를 초청해 SNS 교육을 진행하는 것도 이 같은 이유 때문이다. 한발 더 나아가 유튜브 중심의 동영상을 통한 정책홍보도 같은 맥락으로 준비돼야 한다.

CHAPTER3

언론홍보는 기자 바로 알기부터

21
기자는 적이 아닌 동반자

언론을 아는 사람과 모르는 사람

일반 사기업도 마찬가지이지만 공무원은 기자나 언론을 대하는 태도가 확실히 양분된다. 홍보부서에 근무해 본 경험자와 그렇지 않은 자가 확연히 다르다. 홍보부서에 근무를 해보지 않았더라도 기자의 도움을 받은 경험이 있거나 언론 보도로 기관장에게 칭찬을 들은 경험자 또는 언론 보도로 인사상 이익을 누려 본 경험자라면 언론에 대단히 호의적이다. 공보부서 근무자를 일컬어 기자들이 '관변기자단'이라고 표현한다. 공보부서에 근무하면 언론사와 기자의 생리를 소상히 알게 된다. 기자에 대해 평소 가졌던 오해를 불식시킬 뿐 아니라 기자의 업무를 이해하게 된다.

기자가 업무상 어떤 스트레스를 받는지, 또한 취재하는 과정에 얼마나 애로가 많은지, 기사는 건조하게 쓰지만 실상 부드러운 성품을 가졌다는 점도 알게 된다. 더불어 언론사의 수익구조와 경영의 어려움 등을 이해하게 된다. 언론과 기관의 유대관계가 얼마나 중요한지 온몸으로 느끼게 된다. 그러면서 자연스럽게 언론과 기자에 대해 마음의 벽을 허문다. 기자도 마찬가지로 홍보업무를 담당했던 직원에 대해 호감을 느낀다. 홍보부서 출신이 어떤 고생스러운 일을 했는지 기자는 잘 안다. 그들이 다른 공무원과 달리 언론에 아주 호의적이란 사실도 잘 안다. 자신을 알아주는 이와 서로 호감을 느끼는 것은 인지상정이다.

반면 이유도 없이 기자에게 불편한 감정이 있는 이들도 많다. 비호감을 갖는 이들의 대부분은 직접 경험이 아니고 기자나 언론에 대해 타인에게 전해 들은 이야기로 편견을 갖는 경우가 많다. 말을 전하는 사람이 과장되게 말해 오해와 편견을 갖는 경우가 많다. 또 한 부류는 언론에 전혀 아쉬울 게 없는 이들이다. 자신의 업무가 언론과 접촉할 일이 전혀 없다고 생각하면 기자나 언론을 알려고도 하지 않는다. 실질적으로 사이비(似而非)[1] 기자 또는 무례한 기자로 인한 상처를 가진 공무원도 있을 수 있다. 그렇더라도 언론 자체를 부정하거나 비호감으로 일관해서는 안 된다.

모든 조직원은 홍보요원이어야 한다

공무원 신분으로 자신의 업무가 홍보와 무관하다고 생각하는 것 자체가 잘못이다. 공공기관이 진행하는 모든 일에 대해 주민은 알 권리를 갖고 있기 때문이다. 홍보에 관심을 두지 않는 것 자체가 직무 태만 또는 직무유기일 수 있다는 적극적인 사고를 해야 한다. 언론 보도로 인해 난처한 상황을 겪었고 그 때문에 기관장의 꾸중을 들었거나 주민의 항의를 받은

1 겉으로는 비슷하나 본질은 완전히 다른 가짜

경험이 있다면 극도의 언론 알레르기를 갖기도 한다. 하지만 그 문제를 스스로 극복하지 못하면 자신에게 전혀 도움이 되지 않는다. 하위직에 있을 때야 요령껏 피해갈 수 있을지 몰라도, 중간관리자 이상이 되면 언론과의 관계를 절대 피해갈 수 없음을 잊어선 안 된다.

공무원은 세금이라는 돈으로 급료를 받기 때문에 일반 회사가 갖는 구조적 어려움을 잘 이해하지 못한다. 날짜가 되면 당연히 월급이 나와야 하고, 때가 되면 상여금과 각종 수당이 나오는 걸 당연하게 여긴다. 그러나 언론사를 비롯한 모든 사기업은 영업 수입으로 회사를 운영한다. 탄탄한 대기업이 아니라면 수입이 안정적일 수 없다. 특히 언론사는 인터넷과 모바일 보급의 보편화 이후 경영이 최악으로 치닫고 있다. 광고주는 언론이 아닌 신매체로 눈길을 돌리고 있다. 신문 광고는 줄지만, 유튜브 광고는 늘어나는 것이 이러한 실례이다. 신문과 방송, 인터넷신문 할 것 없이 모든 언론사가 재정적 어려움을 겪고 있다.

정책에 대한 최초의 평가자, 기자

여기서 나타나는 두 가지 문제점은 첫째 언론인의 질적 하락이다. 또 하나는 언론사가 생존에 매달리며 소명의식을 잃어가고 있다는 점이다. 인터넷 시대가 열린 이후 기자가 넘쳐난다. 컴퓨터 한 대만 갖고 신고를 하면 곧바로 언론사가 되고, 기자가 된다. 제대로 교육 한번 못 받고 기사 한 줄 제대로 못 쓰는 이가 기자 명함을 갖고 다닌다. 이들은 대개 광고를 비롯한 영업활동에만 관심을 둔다. 각종 이권에 개입하거나 허세를 부리고 다니기도 한다. 정상적 언론사도 경영난 가중으로 생존 앞에 붓이 춤을 추는 경우도 늘고 있다. 이런 상황이 지속되며 언론사와 기자의 명예가 곤두박질하고 있다. 자본주의와 신자유주의가 만들어낸 뼈아픈 현실이다.

일단 언론사와 기자가 넘쳐나게 되면서 질적 하락이 초래된 것은 어쩔 수 없다. 대한민국 헌법은 언론 출판의 자유를 보장하고 있으니 기자가 되고 싶고, 언론사를 경영하고 싶다는 국민의 의지를 법률로 제한할 수는 없다. 여기까지는 인정해야 한다. 시장경제의 원칙을 외면한 채 헌법을 초월해 국가가 언론사 설립을 제한할 수 없고, 기자 활동을 제한할 수도 없는 것이 현실이다. 그렇지만 공무원으로서 대국민 홍보를 게을리해서는 안 된다. 함량 미달의 기자가 난립해 품위가 떨어지는 행동을 하고 다니는 것은 그쪽 사정이다.

공무원은 이런 현상과 무관하게 충실한 자료 제공, 또는 성실한 취재 응대를 통해 기관이 중점적으로 추진하고 있는 정책을 주민에게 알릴 의무가 있다. 그들이 사이비기자인지 정통 언론인인지를 구분하고 차별하는 일은 공무원의 직권 밖 일이다. 공무원은 언론을 통해 정책이 최대한 많이 노출돼 한 명의 주민이라도 더 정책을 이해하고 제도를 활용하게 하면 된다. 언론을 등지고 정책을 주민에게 알리기란 쉽지 않다. 가장 효과적인 정책홍보는 언론을 통한 홍보라는 사실을 잊어선 안 된다. 기자는 정책의 동반자라는 사실을 늘 기억해야 한다. 기자도 언론인이기에 앞서 주민이다. 주민 가운데 가장 먼저 정책을 이해해야 하는 이들이 바로 기자란 사실을 명심해야 한다.

22
기자의 마음을 훔쳐라

특종을 좇는 기자와 이익을 좇는 기자

기자는 종일 무얼 쓸까 고민한다. 기자는 쓰는 것을 고민하는 데 있어 양적으로 많이 쓰는 것에 집착하지 않는다. 단 한 건을 쓰더라도 세상을 깜짝 놀라게 할 특종을 쓰고 싶어 한다. 그래서 종일 안테나를 곤두세우고 '뭔가 특별한 일이 없을까?'를 찾는다. 다른 일을 하면서도 늘 특종 생각뿐이다. 누군가와 대화할 때도 특종을 얻기 위해 상대의 말을 여과해서 듣는 버릇이 있다. 이러한 습성이 몸에 배어있다면 그는 뼛속까지 기자이다. 특종은 누군가 대화 중 무심코 흘린 말을 새겨듣고 후속 취재를 하다 찾는 경우가 많다. 누구와 대화를 하며 상대의 말을 필터링하는 습성이 몸에 배어있지 않는다면 그는 젯밥에만 관심이 있는 사이비기자이다.

기자는 특종을 위해 하루하루를 살아가는 존재이다. 그럼 특종이란 무엇인가? 세상 모든 기자가 알지 못하는 사실을 혼자 알고 그것을 뉴스로 만드는 일이다. 기자는 특종을 위해 산다. 특종을 통해 자신의 존재감을 드러내고자 한다. 일반적 시각으로 이해하기 어렵겠지만, 기자는 그렇다. 특종 앞에 어떤 양보와 타협도 없는 것이 기자정신이다. 한 번이라도 특종의 짜릿함을 경험한 기자라면 제2의, 제3의 특종을 갈구한다. 특종을 개인적 이익과 맞바꾼다면 그는 기자가 아니다. 누구의 설득 때문에 특종을 포기한다면 그 또한 진정한 기자가 아니다. 기자가 특종에 대해 갖는 감정은 일반인이 이해하기 어렵다. 거듭 말하지만 기자는 특종을 위해 살아가는 존재이다.

기자의 이러한 특성을 알아야 그들을 이해할 수 있고, 그들을 활용할 수 있다. 기자가 마음 편하게 경계의 안테나를 내려놓는 경우는, 일찌감치 가치 있는 당일 뉴스거리를 확보한 때이다. 매일같이 뭔가를 써야 하는 압박감에 시달리는 기자는 쓸 거리가 확보되고 나면 그때서야 경계를 풀고 마음의 여유를 갖는다. 기자는 쓸 거리를 찾지 못하면 초조함을 드러낸다. 모든 기자에게 똑같이 제공되는 보도자료에 기자는 별 관심이 없다. 오로지 세상에 단 한 명 자신만 알고, 자신만 쓰는 기사를 찾고 있기 때문이다. 세상을 놀라게 할 특종까지는 아니더라도 오직 자신만 쓰는 기사를 찾고 있다.

오후가 되면 기자의 얼굴빛에 초조함이 드러나기 시작한다. 그 마음을 헤아리지 못하고 시간을 뺏는 행동을 계속하면 몹시 불편해한다. 이럴 때 적당한 기삿거리를 제공해 준다면 진정 센스 있는 행동이다. 제법 묵직한 기삿거리를 주면 기자는 환하게 웃을 것이다. 이런 사정도 모르고 가벼운 자료를 들이대며 보도해 달라고 하면 짜증스러워할 것이다. 뭘 쓸지 고민하며 스트레스를 받고 있는데, 잡무 수준의 일을 부탁하는 건 참으로 눈치

없는 행동이다. 밥을 먹고 나서 커피나 과일을 먹을 마음의 여유가 생기듯 자신이 취재한 기사를 쓰고 나서야 자료성 기사를 쓰려는 마음이 생기는 것이 기자의 습성이다.

언제나 특종만 생각하는 기자

특종은 의미가 다양하다. 좁은 의미의 특종이라 하면 경천동지(驚天動地)할 뉴스를 의미하기도 하겠지만, 좀 넓게 의미를 확대하면 사안이 대단히 크지 않더라도 특정 기자 혼자만 쓰는 기사를 지칭하기도 한다. 세상을 놀라게 할 특종을 매일 쓰는 것은 불가능하다. 기자가 원하는 것은 자료를 통해 모든 기자에게 전달되는 기사가 아닌 혼자 쓰는 기사이다. 이런 기사를 통상 '단독기사'라고 한다. 단독기사를 쓰는 것은 기자가 뭔가 부지런히 생각하고 부지런히 움직였다는 것을 의미한다. 반대로 단독기사가 없고 자료로 제공된 기사만 쓴다면 그 기자는 일을 안 한 것으로 간주한다. 특종이나 단독기사 발굴에 관심이 없다면 그는 진정한 기자가 아니다.

각 기관이 제공하는 홍보성 자료에 의한 기사는 아무 힘을 들이지 않고도 쓸 수 있다. 자료기사를 아무리 많이 써도 기자의 위상은 올라가지 않는다. 기자 자신이 느끼는 자존감도 올라가지 않는다. 기자 스스로 자존감을 느끼고 자신의 이름값을 올리는 것은 단독기사와 특종이다. 그래서 그들은 늘 특종을 찾는다. 이런 자세가 생활 속에서 드러나지 않는다면 진정한 기자가 아니다. 심한 비약일 수 있지만, 공무원이 승진을 생각하는 것과 기자가 특종을 생각하는 것이 유사하다고 할 수 있다. 기자도 승진과 인사에 신경 쓰지만, 그래도 우선순위에서 특종에 밀린다. 물론 기자들 가운데 특종보다 승진에 관심이 많은 부류도 있지만, 기자사회에서는 인정받지 못한다.

기사 작성보다 경영과 회사의 수익에 지대한 관심을 두는 기자도 있다. 그들은 대개 사주의 눈에 들어 언론사 임원이 되고 싶어 하는 자들이다. 물론 언론사도 수익에 신경 써야 하는 것은 맞다. 상당수 언론사는 알아서 영업에 신경 써주는 기자를 좋아한다. 그들이 대부분 고위직에 오르고 경영자가 된다. 하지만 진정한 언론인은 그걸 바람직한 언론인의 모습으로 보지 않는다. 세상을 바꾸는 원동력을 제시하는 것이 기자의 본분이라고 생각한다. 그래서 특종을 좇는다. 중간관리자로 구분되는 부서장급이 되면 기자는 색깔을 드러낸다. 회사에 충성하며 경영자의 길로 접어들 것인지, 아니면 기자의 사명에 충실하다 논설위원 또는 대기자란 직함을 갖고 계속 글을 쓸 것인지 결정하게 된다.

기자는 기삿거리를 보면 눈이 휘둥그레지고 심장박동이 빨라진다. 그러니 그들에게 줄 수 있는 가장 큰 선물은 기삿거리이다. 정말 센스 있는 공무원이라면 기자에게 한 번씩 단독기사를 쓸 수 있도록 양질의 정보나 자료를 제공하기를 권한다. 특종까지는 아니어도 단독기사를 쓸 수 있는 정도면 그들은 만족한다. 이런 인과관계를 이해하지 못한 채 매일 기자는 관심도 없는 기관장 홍보용 사진과 자료만 디밀며 게재해 달라고 하면 그 기자는 짜증을 내고 말 것이다. 기자는 먹이를 찾아 초원을 누비는 하이에나와 같은 존재이다. 그들에게 필요한 것은 고기이다. 그들의 눈을 홀릴 먹잇감은 단언컨대 기삿거리다.

23 게이트키핑 구조 먼저 이해하기

기사를 살리고 죽이는 게이트키핑

언론을 알려면 게이트키핑(Gate Keeping)이란 용어를 이해하는 것이 매우 중요하다. 게이트키핑이란 직역하면 '문 지키기'의 뜻으로 '기자와 데스크 같은 뉴스 결정권자가 뉴스를 취사 선택하는 일'을 의미한다. 게이트키핑을 이해하려면 신문과 방송의 편집 및 편성에 대한 구조를 이해해야 한다. 신문은 정해진 지면에 기사를 반영하므로 공간에 제한을 받는다. 반면 방송뉴스는 정해진 방송시간에 기사를 반영하므로 시간에 제한을 받는다. 즉 기사는 넘쳐나는데 한정된 지면과 방송시간에 수록할 수 있는 기사 건수는 제한될 수밖에 없다. 당일 작성되는 많은 기사 중에서 한정된 뉴스만 신문지면이나 방송뉴스에 보도될 수 있다.

그러자면 우선순위를 정해야 한다. 가령 하루치 신문을 만드는데 필요한 기사가 100건이라고 하면 당일 기자가 작성한 200건 중 100건은 사장되고 100건은 살아남는 구조이다. 방송뉴스도 마찬가지이다. 기자가 작성한 기사 가운데 제한된 방송시간 내에 보도할 수 있는 분량을 제외하고 나머지는 모두 사장된다. 그러니 기사로서 살아남으려면 뉴스 가치가 있어야 한다. 뉴스의 가치를 인정받지 못하면 지면이나 방송에 반영되지 못하고 사멸된다. 물론 언론사로서 애써 작성한 기사를 버려야 하는 것이 안타깝지만 어쩔 수 없다. 지면 사정과 방송 시간이 허락하지 않는데 어떻게 기사를 실을 수 있단 말인가. 과감히 버려야 한다. 기사로서 가치 있는 것만 살아남아 보도될 수 있다.

기사를 살리는 기준은 대개 두 가지로 나눈다. 우선은 앞서 말한 대로 뉴스로서 가치가 있어야 한다. 뉴스 수용자인 독자나 시청자가 관심을 가질 만한 중요한 기사를 죽이고 가치도 없는 기사를 살릴 수는 없는 노릇이다. 같은 맥락이지만 기관이 제공하는 자료기사가 아닌 기사, 즉 기자가 직접 문제의식을 느끼고 취재하여 작성한 기사는 살아남지만, 자료기사는 가치 측정을 통해 사활이 결정된다. 기자가 직접 취재한 특종이나 단독기사의 경우 100% 살아남는다고 보면 된다. 이런 기사는 생존 다툼을 뛰어넘어 자리다툼을 한다. 즉 신문이라면 1면 경쟁, 또는 머리기사 경쟁을 하고, 방송이라면 뉴스의 첫 꼭지 자리를 놓고 경쟁을 한다. 주요기사는 자리다툼을 하지만 그렇지 않은 기사는 생존의 다툼을 벌이게 된다.

기자는 1차 관문지기

뉴스의 가치 측정은 1단계에 자료를 받은 기자가 한다. 자신에게 전달된 기사자료 중 뉴스로서의 가치가 있는 것과 없는 것을 구분해 가치가 있는 것들만 골라서 기사로 작성한다. 다음 관문은 데스크(부서장)이다. 기자로부터 작성할 기사 리스트를 보고받은 데스크는 밸류가 약한 기사의 작성을 하지 말라고 지시하고, 중량감이 있는 기사는 작성 방향을 지시한다. 그러고는 편집국장 또는 보도국장이 주재하는 데스크회의를 통해 최종적으로 보도할 뉴스를 확정 짓는다. 이렇듯 여러 관문을 통해 기사를 선별하는 과정을 게이트키핑이라고 부른다. 게이트키핑을 거쳐 살아남아야 최종 뉴스로 보도된다. 언론을 이해하려면 먼저 게이트키핑을 이해해야 한다.

공간과 시간의 제한을 받지 않는 인터넷 매체는 기사를 취사 선택할 필요 없이 모두 지면에 싣고 방송에 살릴 수 있다. 신문과 방송이 게이트키핑이란 과정을 거치는 것은 지면 공간 또는 방송시간이 한정돼 있기 때문이다. 반면 인터넷을 기반으로 한 매체는 무한정 콘텐츠를 올릴 수 있다. 그래서 게이트키핑이란 과정이 없다. 더욱이 인터넷 매체는 대부분 소수의 인원이 제작하기 때문에 별도의 게이트키핑이 없다. 혼자서 기자도 하고 경영자도 하는 1인 미디어는 쓸 것인지, 말 것인지를 혼자 정한다. 그만큼 의사결정 구조가 빨라 기사를 민첩하게 쓸 수 있다는 장점이 있다. 그러나 가치 없는 뉴스, 수용자의 관심이 없는 뉴스까지 보도한다는 단점도 있다.

시도 때도 없이 쏟아지는 뉴스 공해에 시달리는 수요자는 언론사가 게이트키핑을 해줄 경우, 한결 쉽게 실속 있는 정보에 접근할 수 있다. 그동안 언론사가 권력기관으로 인식된 것은 따지고 보면 게이트키핑과 밀접한 관련이 있다. 게이트키핑을 통해 기사를 실을 것인지, 싣지 않을 것인지를 결정하기 때문이다. 정의가 바로 서지 못했던 시절에는 기자가 취재해 온 특종이나 단독기사마저도 언론사 임원의 손에 의해 칼질을 당했다. 게이트키핑은 데스크의 고유권한이기 때문이다. 사회가 혼탁하던 시절에는 게이트키핑이란 허울 아래 언론사 임원이 기사 넣고 빼고를 떡 주무르듯 결정했다. 큰 뉴스를 작게 보도할 수도 있었고, 그 반대도 가능했다. 그것이 그들의 권력이었다.

비판 없는 언론은 언론이 아니다

게이트키핑은 언론을 이해하는 데 필수이다. 각 언론사가 살릴 뉴스와 죽일 뉴스를 구분하는 기준은 무엇일까? 그것은 순전히 뉴스를 접하게 될 독자나 시청자의 관점이다. 독자나 시청자가 원하는 바는 정보와 재미이다. 또한, 언론이 사회의 문제점을 지적하고 비판해 사회가 올바르게 가는 길을 제시해 주기를 바란다. 그래서 언론이 갖는 정보기능, 오락기능 등이 있지만 비판기능이 가장 중요하다. 독자와 시청자는 언론이 사회를 비판해 주기 바란다. 비판하지 않는 언론은 언론이라 할 수 없다.

그래서 '뉴스의 소비자이면서 수용자인 독자나 시청자에게 유익한가?', '그들에게 재미를 줄 수 있나?', '그들을 대신하여 사회의 문제점을 제대로 지적해주고 있나?' 등이 기사를 살리고 죽이는 기준이 된다. 언론에 자료를 제공하는 기업이나 기관은 바로 이 점에 유념해야 한다. 기사를 작성할 때 가장 염두에 두는 대상은 뉴스 소비자인 독자와 시청자이다. 보도를 전제로 한 자료를 작성할 때 공급자 시각이 아닌 수요자 시각으로 바라봐야 한다. 뉴스 소비자가 전혀 유익하다고 생각하지 않는 뉴스, 그들이 재미없다고 생각하는 뉴스는 굳이 보도할 필요가 없다. 재미없는 기사, 유익하지 않은 기사는 맛없는 음식, 몸에 아무런 도움을 주지 못하는 음식과 같다.

24
친교는 한두 번, 중요한 건 자료의 중량

맛없는 식당을 누가 또 가나

기관이나 기업이 언론에 자료를 제공하며 특별히 보도를 요청할 때가 있다. 홍보부서를 거쳐 언론에 제공하는 경우가 일반적이지만, 때로 중차대한 사안일 경우 정책부서가 직접 언론사에 꼭 보도될 수 있도록 신경 써달라고 부탁하기도 한다. 업무담당자가 직접 담당 출입기자에게 연락하는 수도 있고, 기관 부서장이 언론사 데스크에게 연락하는 수도 있다. 기관 부서장이 출입기자에게 부탁하는 때도 있다. 이런 부탁을 받으면 언론은 한두 번쯤 부탁을 반영해 준다. 하루 이틀 만날 사이도 아니고 지속해서 관계를 이어가야 할 사이인데 야멸차게 거절할 수 없으니 받아주는 편이다.

물론 뉴스밸류가 있어 주민이 꼭 알아야 할 내용이라면 두말할 나위가 없지만, 일부러 연락이 온 경우 뉴스의 가치가 다소 떨어진다 해도 눈 감고 뉴스로 보도될 수 있게 해준다. 그러나 이러한 경우는 한두 번이면 그만이다. 이후 지속해서 보도를 요청한다면 계속 반영될 확률은 낮거나 없다. 물론 뉴스로서의 가치가 충분하다면 계속 보도하는 것이 어려울 리 없다. 문제는 뉴스밸류가 없는 내용을 보도해 달라고 계속 요청할 때이다. 한두 번은 개인적 친분 또는 기관 체면 등을 고려해 다소 뉴스밸류가 떨어지는 자료라도 보도해 준다. 하지만 이후 그런 부탁이 계속된다면 반영되기는 사실상 어렵다. 친분으로 한두 번 가봤는데 음식 맛이 형편없는 식당에 아무리 와달라고 부탁해도 가지 않는 것과 같은 이치이다.

언론은 뉴스를 파는 장사

언론사는 뉴스라는 상품을 만들어 고객에게 제공하는 회사이다. 즉 뉴스는 언론사가 고객으로부터 인정받아 수익의 기반으로 삼는 제품이다. 백화점에 입점해 있는 제품이 시장 상품보다 비싼 가격을 받을 수 있는 것은 제품의 품질이 그만큼 우수하고 고객에게 신뢰를 구축했기 때문이다. 또 차별화된 서비스를 제공하기 때문이다. 제품의 품질에 이상이 생기면 백화점은 고객으로부터 외면받는다. 그 원리와 똑같다. 언론사가 제공하는 기사의 가치와 질이 떨어진다면 고객인 뉴스 수용자는 매체를 불신한다. 그러니 함량 미달의 자료를 계속 실어줄 수가 없다. 각 기관은 이 점을 제대로 파악하고 뉴스 수요자인 주민의 관점에서 가치 있는 기사가 무엇인지 늘 생각해야 한다.

반대 상황의 사정은 조금 달라진다. 기관이 데미지를 입을 수 있는 뉴스나 비판적 뉴스를 보도하지 말아 달라고 부탁하는 때가 있다. 이 경우 대개는 기관장이나 기관 부서장이 언론사의 임원이나 데스크에게 한다. 그러나 이는 지극히 전근대적 행태이다. 전국에 언론사가 손으로 헤아릴 만큼 존재했던 시절에 통용됐을 법한 이야기이다. 실시간 촬영과 녹음, 송출이 가능한 스마트폰을 온 국민이 가지고 다니는 시대이다. 한 번의 손가락 놀림으로 제도권 매체보다 빠르게 뉴스를 생산하고, 전 국민이 이를 퍼 나를 수 있는 여건인데 특정 기자의 펜을 꺾겠다는 것은 그야말로 손바닥으로 하늘을 가려보겠다는 것이나 다름이 없다.

그러니 그런 부탁을 받아줄 리도 만무하고, 그런 부탁을 해서도 안 된다. 신세대 기자는 상사로부터 그런 부당한 지시를 받았을 때 실행에 옮기지 않는다. 공연히 그런 부탁을 했다간 상사의 체면만 구겨진다. 아예 부탁할 마음을 먹지 않는 게 현명한 생각이다. 세상이 변했음을 직시해야 한다. 과거의 기준으로 현재의 사회를 재단하면 안 된다. 또한, 기자를 포함해 언론사 임직원이 '부정청탁 및 금품 등 수수의 금지에 관한 법률(약칭 청탁금지법, 일명 김영란법)'의 적용 대상이란 점을 잊지 말아야 한다. 언론인은 민간인 신분으로 유일하게 청탁금지법 적용 대상이다. 언론사를 다수의 사람이 언론기관이라고 부른다. 언론이 사회적으로 공공성이 그만큼 강한 특수집단이기 때문이다.

반면 사이비라는 닉네임을 달고 다니는 함량 미달의 기자는 청탁을 받고, 부당한 권한을 행사하는 상황을 즐긴다. 교도소 담벼락 위에서 묘기를 펼치는 부류이다. 그들은 뭔가 대가를 받고 뉴스를 보도하지 않으려고 시도하기도 한다. 그런 파렴치한 사이비기자의 경우 대개는 취재 및 기사 작성 능력이 현저히 떨어진다. 정상적인 게이트키핑 시스템이 작동하는 매체라면 그들이 기사를 마음대로 넣고 빼는 따위의 일을 방치하지 않는다.

호랑이 담배 피우던 시절의 구습을 시도하려는 사이비기자가 여전히 존재하는 것은 사실이지만 현실 속에서 먹히지는 않는다. 그러니 크게 걱정할 바는 못 된다.

25 기자는 보도자료에 영혼을 담지 않는다

저널리즘이 없으면 기자가 아니다

기관마다 보도자료 작성 전담자가 있다. 이들은 각 부서에서 보내온 보도자료를 최대한 기사보도문의 형식에 맞게 수정하여 언론사에 제공하는 일을 한다. 이들은 기자가 선배에게 교육을 받는 것처럼 체계적으로 언론보도문 작성법을 배운 적이 없다. 그러니 흉내를 낼 뿐 정확하게 기사문을 작성하지 못한다. 책을 보고 독학하기도 하지만 교재가 마땅치 않다. 조직 내 선배에게 배우기도 하지만 그들 역시 능숙하게 기사문을 작성하지 못한다. 그러니 대개의 기관은 가지고 있는 몇몇 유형의 자료에 날짜와 시간, 참가자 명단 등을 살짝 바꿔 행사 위주로 자료를 작성해 발송한다. 한번 잘못 작성한 보도자료 유형이 수년씩 반복되는 불상사가 벌어지는 이유가 바로 여기에 있다.

유형도 그러하지만, 무엇보다 공무원은 기자가 가진 저널리즘 자체가 없어 어떤 사건이나 현상의 내면을 들여다보는 시각이 현저히 떨어진다.

그래서 내용 자체가 언론인이 쓰는 기사와 다를 수밖에 없다. 기자가 온종일 하는 일은 무슨 기사를 쓸지에 대해 궁리하는 일과 직접 기사를 작성하는 일이다. 수년, 수십 년을 오직 기사 쓰는 일만 한 기자의 머릿속에 박혀 있는 저널리즘을 흉내 내기란 쉽지 않다. 일반 기업이라면 모를까 공공기관의 경우, 홍보부서에 길어야 2년 재직하는데 그 기간에 기자의 숙련된 노하우나 저널리즘 마인드를 익히기란 결코 쉽지 않다.

전체 기사 중 보도자료 비중은 70%

노무현 대통령이 집권 때 정부의 홍보기능 강화를 위해 각 부처 및 외청별로 기자 출신의 홍보전문가를 선발해 홍보부서에 공무원 신분으로 배치한 일이 있다. 이후 지자체를 비롯해 각 관공서의 기자 출신 홍보인력 채용이 눈에 띄게 늘었다. 지금도 경력기자 출신을 홍보담당 공무원으로 선발하는 사례가 많다. 언론사에서 철저하게 기사교육을 받은 전문가가 기관 홍보부서에 배치돼 직접 자료를 발굴하고, 각 실무부서에서 접수된 자료를 보도문 형식으로 수정해 배포하다 보니 보도자료의 질이 좋아진 것은 확실하다. 하지만 놀라운 사실은 그들이 공직에 머무는 시간이 길어지면서 점차 관료화된다는 점이다. 행동과 사고방식만 관료화되는 것이 아니라 자료를 발굴하고 작성하는 것까지도 관료화된다. 그러면서 참신했던 보도자료가 점차 참신성을 잃고 매너리즘으로 회귀한다. 이에 대한 보완책이 필요하다.

기관마다 많은 보도자료를 언론매체에 살포한다. 각 매체는 전체 보도하는 기사의 건수 기준 70% 이상을 보도자료에 의존한다. 그러니 비중 면에서 아주 중요하다고 할 수 있다. 어느 매체든 보도자료가 없으면 정상적인 뉴스를 제작하기 어려운 것이 현실이다. 언론에 대해 아무 경험도 없이 1인 또는 소수 인원이 언론사를 만들고 100% 보도자료만 뉴스로 올리는 어처구니없는 사례도 있다. 엄밀히 따지면 이들은 언론이 아니다. 언론의 필수 요건인 비판기능이 없는 기사만 쏟아내는데, 특종을 위해 발이 닳도록 뛰어다니는 기자가 없는데 어찌 언론사라 할 수 있겠는가.

언론사는 30% 기사로 승부를 가린다

보도자료는 언론매체가 뉴스를 생산하는 데 매우 중요한 역할을 한다. 발표되는 정책의 영향력이 큰 헌법기관이나 정부 부처의 경우, 보도자료의 중요성은 매우 크다. 보도자료가 주요기사로 처리되는 경우도 많다. 교육부가 대입제도 개편안을 발표하거나, 국토교통부가 부동산 정책을 발표하는 내용의 보도자료는 위력이 폭발적이다. 그러나 외청이나 지자체 등 그 밖의 기관들이 작성해 배포하는 보도자료는 전국이 들썩할 만한 뉴스가 드물다. 광역지자체나 시·도교육청의 경우, 지역 주민의 생활과 아주 밀접한 제법 큰 행정을 펼치기 때문에 가끔은 전국의 이목을 집중하는 뉴스가 자료를 통해 발표되기도 한다.

보도자료 뉴스가 전체 뉴스의 70%가 넘는 비중을 차지한다는 것은 언론사가 자체 작성하는 기사가 30% 미만이라는 것을 의미한다. 비율로 보면 7대 3일지 몰라도 기사의 비중을 비교하자면 1대 9가 될 수 있다. 기자는 종일 기사만 생각한다. 기사를 취재하며 이 기사를 어떻게 조리해서 멋진 상을 차릴까를 계속 생각한다. 기사가 발표되면 세상의 반응이 어떨지 습관적으로 생각한다. 그러니 기사의 질이 다를 수밖에 없다. 기자가 발로 뛰어 작성하는 기획기사 대부분은 비판의식이 반영된다. 기획기사를 통해 각 언론사의 뉴스는 차별화된다. 아주 쉽게 말해 기획기사가 각 매체의 승부를 가른다. 보도자료도 중요한 정보를 담고 있는 뉴스임에는 분명하지만, 승부처가 아니다. 승부는 기획기사에서 갈린다.

특별한 경우가 아니면 자료기사는 중요기사가 될 수 없다. 신문을 예로 들면 각 면의 중요도 1, 2, 3순위라 할 수 있는 톱기사, 사이드기사, 센터기사(기사의 위치에 따라 이렇게 부른다.)는 자사 기자가 쓴 기획기사 위주로 배치한다. 보도자료나 통신사 기사는 주변 기사는 될지언정 주요기사로 자리잡지 못한다. 기자는 자신이 작성한 기획기사가 주요 뉴스가 되기를 간절히 바란다. 신문의 경우 1면 톱기사를 쓰면 기자는 최고의 날이다. 정치, 사회, 경제 등 각 면의 톱기사를 작성하면 밥값을 톡톡히 한 셈이다. 아주 드문 사례지만 어떤 날은 3개의 기획기사를 작성해 3개 면의 톱기사를 장식하는 날이 있다. 그랜드슬램을 달성했다고 한다. 정말 신나는 날이다.

신입기자가 입사 후 처음 1면 톱기사를 작성하면, 다음 날 선배들의 책상 위에 음료수 한 병씩을 돌리고 신고식을 한다. 톱기사를 쓸 수 있게 지도해주어서 고맙다는 의미이다. 음료수를 돌리는 동안 선배들의 격려와 칭찬이 쏟아진다. 진짜 기자가 됐음을 인정받는 날이다. 음료수를 받아 마신 선배는 소주로 갚는다. 이런 의식을 '톱턱'이라고 부른다. 사진기자도 자신이 찍은 사진을 1면에 올리면 1면턱을 낸다. 방송 기자도 이와 유사한 의식을 치른다. 이는 그만큼 주요기사를 쓰기가 어렵다는 것을 방증한다. 아울러 기자로서 훈련이 돼 종일 기사 쓰는 생각만 하는 습관이 몸에 익었다는 것을 의미하기도 한다. 1면 톱은 그 결과물이기 때문이다.

보도자료는 기사가 아니라는 기자의 생각

기관과 기업의 홍보담당자는 혼을 다해 보도자료를 작성해 배포하지만 실상 기자에게 보도자료는 안중에도 없다. 그냥 받았으니 쓰는 것으로 생각할 뿐 거기에 어떠한 영혼도 담으려 하지 않는다. 기자를 지휘하는 데스크도 마찬가지이다. 기자가 몇 건 또는 몇십 건의 보도자료를 써도 그것을 일했다고 말하지 않는다. 스스로 기획해서 발품을 팔아 작성한 기사를 그가 쓴 기사로 인정할 뿐이다. 그래서 기획기사 없이 보도자료만 작성하는 경우 온갖 지청구를 먹는다. "오늘은 보도자료만 쓰고 퇴근할 거냐?"부터 시작해 "공무원이냐? 필경사냐?", "여기가 신문사지 대서소냐?", "밥값도 안 하고 집에 갈 거냐?" 등의 말로 닦달을 한다. 보도자료만 쓰는 기자는 스스로 기자임을 포기한 것으로 보면 된다.

기자의 머릿속에는 보도자료는 영혼이 담긴 기사가 아니라는 생각이 깊이 박여 있다. 수습기자부터 수년 넘게 이런 분위기 속에서 일하다 보면 모든 기자는 그런 생각을 한다. 그래서 자신이 데스크가 된 후에 후배에게 똑같은 말을 한다. 기관에서 생각하는 보도자료와 언론사에서 생각하는 보도자료의 가치는 이처럼 현격한 차이가 있다. 미안한 얘기지만 이게 사실이다. 보도자료가 중요하지 않다는 것은 아니다. 보도자료는 중요한 기사의 소재이다. 여기서 줄곧 강조하는 바는 기자가 자신만의 기사에 대한 집착이 그만큼 강하다는 사실이다. 어느 날 보도자료가 없어진다면 언론사는 답답해질 수밖에 없다. 전적으로 보도자료에 의존하는 함량 미달 언론사는 바로 문을 닫고 말 것이다.

기자는 자신에게 도착하는 모든 보도자료를 기사화하는데 적지 않은 시간을 소요한다. 가치가 떨어지는 자료는 기사로 살아남지 못한다는 사실을 잘 안다. 고생해서 어렵게 써봐야 아무 소용없음을 안다. 기자는 자신에게 배달된 보도자료의 한두 줄만 읽어봐도, 아니 제목만 보고도 이 기사가 다음날 매체에 보도될 기사인지 아닌지를 금세 판별한다. 병아리감별사가 병아리 생식기를 보고 암수를 구분하듯 직관적으로 단 몇 초 안에 보도자료의 생사를 구분 짓는다. 유익하지 않으면 재미라도 있어야 기사로 살아남는다는 사실을 기자는 잘 안다.

몇 개의 보도자료를 추려서 기사화를 할 때도 결코 거기에 영혼을 담지 않는다. 내 이름으로 보도는 할지언정 내 혼이 깃든 기사가 아니어서 가치를 두지 않는다. 다른 경쟁 매체에 같은 내용이 보도될 것을 알기에 기사로서 가치를 두지 않는다. 가끔은 뉴스로서 꽤 가치가 있는 내용인데 작성자가 별스럽지 않은 듯 자료를 작성해 보내는 경우가 있다. 이럴 때는 눈을 동그랗게 뜨고 해당부서 담당자와 연락해 보충 취재를 하고 영혼을 담아서 자신만의 언어로 기사를 쓴다. 그러나 이런 경우는 지극히 드물다. 이 경우가 아니라면 기자는 보도자료에 자신의 영혼을 담으려 하지 않는다. 그냥 자구만 몇 군데 고쳐서 그대로 옮겨 쓴다. 바쁠 때는 그대로 옮겨 적기도 한다.

26 누구도 차별하지 않기

명함 있으면 다 기자인가

요즘 기관 기자실에 가보면 꼴불견이 많다. 언론 진입장벽이 무너진 후 기자의 장벽도 무너져 취재능력이나 기사 작성 능력이 전혀 없고, 기본 에티켓이나 매너도 없는 무늬만 기자가 넘쳐난다. 정통 언론사는 제대로 된 한 명의 기자를 만들기까지 수년의 세월을 투자한다. 추상같은 선배들 아래서 언론인으로서의 자질을 하나씩 배워나가는데 그 과정이 녹록지 않다. 그런 혹독한 과정을 거쳐야 세상을 보는 눈이 떠지고 냉철한 비판의식이 생긴다. 종일 기사 쓸 생각만 하며 몇 년을 보내야 기삿거리가 눈에 보이고 노트북을 열면 기사가 줄줄 써진다. 쉼 없이 기사를 써 내려가는 모습을 보면 뭔가 보고 쓰는 건지, 혹은 외웠던 문장을 쓰는 건지 싶어 보인다. 그렇게 거침없이 써도 깔끔하고 매끄럽게 쓴다. 그 능력을 갖춰야 인정받는 기자가 된다.

이러한 숙련과정을 거치지 않은 이들이 기자 신분증과 명함을 휴대하고 다니지만 숙련 기자와 본인들의 차이를 알지 못한다. 그들 자신이 기사를 쓸 줄 모르니 '잘 쓴 기사'와 '잘 못 쓴 기사'를 구분할 능력도 없다. 그래서 자신도 대충 쓰면 남들이 기사라고 읽어줄 것으로 오해한다. 하지만 선수는 선수를 한눈에 알아본다. 제대로 훈련된 기자는 타인이 쓴 기사를 단 한 줄만 읽어봐도 훈련된 기자가 작성한 글인지, 대충 흉내를 낸 글인지 금세 알아본다. 단 한 줄만 읽어도 기사의 수준을 평가할 수 있다는 주장이 거짓말처럼 들릴 테지만 사실이다. 기사 작성은 그리 호락호락한 일이 아니다. 달인의 경지에 오른 기자는 첫 줄 딱 한 줄을 읽어보면 제대로 쓴 기사인지, 무늬만 기사인지 알아챌 수 있다.

기자 신분증과 명함만 갖고 다닌다고 해서 남들이 기자로 봐줄 것으로 생각한다면 그건 오산이다. PC 한 대 갖추고 지자체에 가서 등록하면 바로 언론사를 설립할 수 있고, 신분증과 명함은 각각 1만 원이면 제작할 수 있다. 마음만 먹으면 하루 만에 기자가 될 수 있다. 기자는 물론 데스크도 될 수 있고, 언론사 사주도 될 수 있다. 기자 흉내를 내고 다닌다 한들 세상은 그를 기자로 인정하지 않는다. 기자다운 품격과 매너를 갖춰야 함은 물론이고, 취재능력과 기사 작성 능력을 겸비해야 기자로 인정받는다. 이런 사실도 모르고 언론사 등록을 하고 기자 신분증을 가지고 다니며 활개 치는 이들이 있다. 물론 이들은 취재능력도 없고 집필 능력도 없다.

기자들의 패거리 문화

이런 경우를 지켜보며 진짜기자는 헛웃음을 친다. 어차피 며칠 저러다

말 것으로 보고 그냥 웃고 만다. 헌법이 언론의 자유를 보장하고 있으니 모든 국민은 기자가 될 수 있다. 특별한 자격이 있는 게 아니니 누가 진짜 기자이고 누가 가짜기자라고 누구도 말할 수 없다. 그러나 양자 간 경계선은 없지만, 기자로서 자질 차이는 크다. 그래서 역량 있는 매체 소속 기자들이 일정한 기자단이란 이름으로 모임을 조직해 스스로 울타리를 치는 사례가 많다. 함량 미달 매체의 함량 미달 기자와 어울릴 수 없어 선을 긋겠다는 의도이다. 자신들만의 친목을 도모하고 정보를 공유한다는 선까지는 용납될 수 있지만 타 매체와 기자의 활동을 방해하고 텃세를 부린다면 거기부터는 사회적으로 받아들이기 어렵다.

그러나 이런 일이 기관별로 비일비재하게 발생하고 있다. 갈등이 표출된 기자실 운영이 뉴스거리가 되기도 한다. 기득권 매체는 기자단이란 이름으로 패거리를 만들고 타 매체 기자의 취재 활동을 방해하기도 하고 차별한다. 이게 문제다. 아무리 그들이 기자로 보이지 않는다고 해도 그들이 기자가 아니라고 단정할 어떤 근거는 없다. 역으로 기득권을 가진 매체 소속이라고 해서 자신들만 기자라고 규정할 수 있는 근거도 없다. 눈에 보이게 차별하는 일은 원칙적으로 용인될 수 없다. 언론사는 누구나 설립할 수 있는 사기업이다. 세상에 국가공인 시험을 보고 기자가 된 사람은 없다. 수준의 차이는 날지언정 그것을 이유로 차별할 수는 없다.

메이저가 어디 있고, 마이너가 어디 있나

기득권을 가진 매체는 스스로 '메이저' 집단이라고 칭한다. 그러면서 후

발 군소 매체를 '마이너' 집단이라고 칭한다. 이 또한 대단히 위험한 발상이다. 언론계를 메이저와 마이너로 나누는 어떠한 기준도 공식화된 바 없다. 자신들이 필요 때문에 나누는 것이고 그렇게 부르는 것이다. 실제로 기득권을 가진 거대 매체들이 기자단을 만들어 벽을 치면 나머지 매체 소속 기자는 큰 소외감을 느낄 수밖에 없다. 그래서 그들만의 연합체를 만들게 된다. 그러면서 자신보다 규모가 작고 연차가 짧은 매체를 다시 따돌린다. 이런 과정을 겪으며 한 기관의 기자실에 서너 개의 기자단이 존재한다. 이런 현상이 크고 작은 기관의 기자실마다 벌어지고 있다. 인터넷신문이 우후죽순 생겨난 이후 이런 현상이 전국에서 나타나고 있다.

어이없고 우스운 일이 끊임없이 벌어지는 곳이 기자실이다. 기자실이 주도권 다툼의 장으로 변모해 제 기능을 수행하지 못하는 일이 빈발한다. 그래서 기관에 따라 기자실을 폐쇄하고 브리핑룸을 만들어 공식 기자회견 할 때만 사용하는 사례도 늘었다. 기자끼리는 얼마든지 헤게모니(hegemony) 싸움을 할 수 있다. 어처구니없는 일은 홍보업무 담당자가 기자의 패거리 문화에 동조해 소속 매체에 따라 기자를 서열화하고 차별하는 경우이다. 주민의 세금으로 운영되는 기관의 공복이 주민을 차별하는 일은 어떤 이유로도 용납될 수 없다. 기자가 기자의 품위를 지켜야 하듯 공무원도 공무원의 품위를 지켜야 한다. 정치적 중립성뿐 아니라 언론을 대하는 자세 또한 중립성을 지켜야 한다.

시장과 독자가 판단할 것

함량 미달 기자는 분명 존재한다. 정작 취재와 기사 작성에는 별 관심이 없고, 기자 신분만 탐닉하며 이권 개입에만 관심을 두는 자들이 수도 없이 존재한다. 하지만 어떤 이유로도 기관이 그들을 차별하고, 불이익을 줄 수 없다. 과거에는 몇몇 유력 매체가 있고 몇몇 비 유력 매체가 존재했다. 그들의 차이는 확연했다. 물론 지금도 매체별 차이는 있다. 하지만 과거의 기준으로 매체를 재단하려 하면 큰 오산이다. 인원이 적은 소규모 언론사라고 해서 그 소속 기자들은 저널리즘이 없고, 취재능력 및 집필 능력이 없다고 단정할 수는 없다. 혹여 그들의 능력이 턱없이 모자란다고 해도 그들이 주민인 이상 그들을 차별하고 불이익을 줄 수는 없다. 대한민국은 언론의 자유가 보장되는 나라이다.

몇몇 지상파방송과 유력일간지, 통신사만 관리하면 세상을 덮을 수 있던 시절이 있었다. 하지만 지금은 군소 매체가 난립하고 있고, 온 국민이 기자인 시대다. 누구라도 한발 앞서 사건을 발견하고 이를 보도하면 특종인 세상이다. 누구라도 기사를 써서 세상을 뒤흔들어 놓을 수 있다. 누구의 기사라도 포털에서 삽시간에 수백만 건의 조회 수를 올리는 기사를 쓸 수 있다. 사이비기자 또는 함량 미달 기자인지 아닌지는 뉴스의 소비자가 판단하는 것이지 기관이 판단하면 안 된다. 기관 입장에서 그들은 기자이기에 앞서 주민이다. 기관은 어떤 이유로도 주민을 차별해선 안 된다. 기관이 굳이 서두를 필요가 없다. 시간이 사이비기자의 패악질을 심판해 줄 것이고, 시장이 경제원리로 그들의 생사를 구분할 것이기 때문이다.

27 오해가 불러오는 부정기사

오해를 불식시키는 눈빛 교환

사람 간의 소통(커뮤니케이션) 방법은 다양하다. 한 번 발표하면 수만 명, 수십만 명, 수천만 명, 수억 명이 동시에 수용하는 매스커뮤니테이션(매스컴)도 그중 하나다. 매스컴은 엄청난 파괴력을 갖는다. 기자는 매스컴을 통해 대중을 설득하기 때문에 큰 영향력을 갖는다. 세상이 기자를 두려운 존재로 인식하는 것은 그들이 사회를 변화시킬 수 있는 엄청난 힘을 갖고 있기 때문이다. 그래서 기자가 가지고 있는 그 영향력에 기대어 세상에 자신을 알리고 싶어 하는 이들이 많다. 개인이나 법인, 또는 기관일 수도 있다. 역으로 기자가 세상에 알리려는 자신의 치부나 과오를 알리지 못하도록 기자에게 기대는 이들도 기자가 매체에 소속돼 있지 않다면 영향력은 없다. 매체를 등에 업고 있기에 기자는 기자로 행세할 수 있다.

기관은 기자의 손끝을 빌려 자신들이 준비하고 있는 정책을 주민에게 알리고자 한다. 주민의 세금을 좋은 용도로 집행해 주민에게 다시 돌아가게 애쓰고 있다는 사실을 전하고자 한다. 경찰이나 소방 등 주민의 안전한 생활과 관련된 일을 하는 기관도 언론을 통해 자신들의 노력이나 서비스 정책 등을 소개하고자 한다. 그래서 기관은 정책을 홍보할 수 있는 자료를 수시로 만들어 기자에게 뿌린다. 자료를 전달하는 방법은 여러 가지이다. 출력한 페이퍼를 기자에게 직접 전달할 수도 있고, 이메일이나 메신저를 통해 전달하는 때도 있다. 과거에는 직접 출력물을 전달하는 것이 일반적이었지만 인터넷 시대가 열린 뒤로는 대면접촉을 할 일이 확연히 줄어들었다.

텍스트의 경우, 과거에 팩시밀리로 전달하기도 했지만, 사진은 직접 또는 우편을 통해 전달하는 것 외에 방법이 없었다. 기관의 홍보담당자가 보도 관련 사진을 제공하기 위해 각 언론사를 순회하던 시절도 있었다. 지방 본부에서 본사로 사진 한 장을 전하기 위해 고속버스나 시외버스 편을 이용하면 그것을 찾으러 터미널로 사람이 다니는 일이 일상이었다. 이메일 시대 이후, 텍스트뿐 아니라 보이스나 이미지, 동영상까지 빠르고 완벽하게 상대에게 전달할 수 있다. 그러다 보니 점차 사람끼리 대면할 기회가 줄어든다. 사람은 마주 보고 앉아 상대의 눈빛을 보면서 대화를 나눌 때 가장 확실한 소통을 할 수 있다. 눈빛 교환을 하면서 소통을 하는 때와 그렇지 않은 때의 전달력 차이는 크다.

어떤 정책을 기자에게 전달할 때도 마찬가지다. 문서와 사진만으로도 충분히 전달하고 설득할 수 있다고 생각할지 몰라도 그렇지 않다. 오해가 발생할 수 있다. 그 오해를 사전에 막고 줄일 방법은 마주 대하며 소통하는 것이다. 중요 정책을 발표할 때는 이메일로 전달하는데 그치지 말고,

브리핑이나 기자회견, 간담회 등을 열고, 충분히 교감을 나누며 설명하면 효과적이다. 대면접촉을 통해 정책을 설명할 때는 가급적 기관장이 직접 나서면 좋다. 그렇지 않다면 해당 업무와 관련된 최고위급 담당자가 나서는 것이 좋다. 그래야 기자들이 더욱 주목하고 정책에 관심을 둔다. 현장에서 이루어지는 다양한 질의와 응답을 통해 정책에 대한 상세 정보가 소통된다. 그러니 더 자세하고 성의 있는 보도가 이루어질 수 있다.

주민의 시각으로 보기 때문에

대면접촉을 하면 오해로 인한 오보가 발생할 확률이 낮다. 특히 일부 기자 중에는 제공된 보도자료 내용에서 노출되는 약점을 집중적으로 부각해 소위 '뒤집어쓰기'를 하는 이들도 있다. 기자의 윤리적 측면에서 볼 때 페어플레이라고 할 수 없는 짓이지만 '그렇게 하면 안 된다.'고 말할 근거도 없다. 부정기사의 상당 부분은 오해에서 비롯된다. 의문만 확실히 풀어주면 부정기사를 대폭 줄일 수 있다. 오해의 여지가 있는 정책은 특별히 브리핑이나 간담회 등의 방법을 통해 대면접촉을 하면서 충분히 설명하고 이해시키는 과정이 필요하다. 정책에 대한 이해 부족으로 엉뚱한 방향으로 보도가 되면 이를 돌이키는데 엄청난 시간과 에너지가 소모된다. 사전에 막는 것이 최선이다.

기자가 부정기사를 쓸 때는 첩보나 제보에 의해 취재를 하는 사례가 대부분이다. 기관이나 기업이 제공하는 자료를 뒤집어쓰기를 하는 때는 거의 소통 부재로 인한 오해 또는 관점의 차이에 기인한다. 공공조직에서 일상적 일이라도 외부인의 눈으로 보면 부정적으로 판단할 수밖에 없는 일도 얼마든지 있다. 이 경우에도 브리핑이나 기자회견, 간담회 등의 절차를 통해 마주 보며 대화하다 보면 오해가 풀린다. 이전에 기자의 수가 대단히 제한적일 때는 식사 자리를 겸한 간담회를 하고 정책을 설명하는 사례도 많았지만, 지금은 기자의 수가 너무 많아 그럴 수도 없거니와 청탁금지법이 이를 차단하고 있으니 공식 브리핑이 가장 보편적 방법이라 하겠다.

기자가 외부인의 눈으로 바라보는 기관의 잘못이 있다면 대부분 기자의 시각이 맞다. 왜냐하면, 기자는 항상 공무원의 시각이 아닌 주민의 시각에서 행정을 바라보고 있기 때문이다. 예컨대 기관 내부의 인사 적체 해소를 위해 고위직 공무원이 명예퇴임하면서 산하단체의 장으로 부임하는 일은 공무원의 시각으로 보면 관행이다. 그렇게 하지 않으면 30년 넘게 공무원으로 일한 후배들이 고위직에 앉아보지 못하고 퇴임하는 상황에 처할 수 있기 때문이다. 기자는 그런 상황을 공무원의 관점에서 바라보지 않고 보편적인 주민 관점에서 바라본다. 계속되는 낙하산 인사 탓에 내부 승진을 할 수 없는 산하기관 종사자의 위치에서 보기도 한다. 인사 적체 해소를 위해 시행하는 장기연수와 공로연수 등도 공무원이 아닌 관점에서 보면 이해하기 어려운 예산 낭비라 할 수 있다.

하지만 대화를 통해 충분히 설명하는 과정을 거친다면 이해 못 할 일이 없다. 그래서 중요한 정책을 추진할 때는 사전에 외부인의 시각을 가진 기자를 만나 의견을 듣는 것도 좋은 방법이다. 정책이 확정된 후에도 간담회나 브리핑을 통해 발표하면 오해를 줄이고 홍보 효과를 극대화할 수 있다. 정책을 추진하는 과정에서 기자에게 자문하는 것은 그들이 가진 권력을 의식해서라기보다는 기자가 주민과 같은 시각을 가졌기 때문이다. 기자는 정책을 추진하는 기관의 입장도 이해하지만, 그보다는 주민의 입장을 우선시한다. 주민이 여론의 주인이고 이 나라의 주인이라는 사실을 잘 알고 있기 때문이다.

주객전도는 안 된다

정확한 정책 설명을 위해 현장투어를 갖는 것도 좋은 방법이다. 예컨대 숙원사업으로 진행되는 장기 해저터널 공사를 진행하는 중 굴이 관통되었을 때, 한 번쯤 기자단을 인솔해 현장투어를 하면서 진행 상황을 자세히 설명하면 큰 홍보 효과를 거둘 수 있다. 현장을 직접 둘러보고 관계자의 설명을 듣는 것보다 더 좋은 취재는 없다. 그래서 큰 공사나 재해현장 등은 기자를 인솔해 현장을 둘러보는 것이 효과적이다. 새롭게 조성된 관광지를 홍보할 때도 현장투어를 하면 기대 이상의 홍보 효과를 거둘 수 있다. 현장을 방문하지 못한 기자는 현지 사정을 알지 못해 상황을 오판하는 기사를 쓸 수 있다. 현장투어를 할 때는 되도록 많은 기자가 참석할 수 있도록 유도해야 한다.

이때 주의해야 할 점이 있다. 기자를 위한 현장 설명회라면 기자에게 현장을 설명하는 데 주력해야 한다. 현장투어를 가보면 기자를 손님으로 초청해놓고 현장 관계자가 설명은 뒷전인 채 동행한 기관장에 대한 의전만 지나치게 신경 쓰는 사례가 있다. 그 대상이 기자가 아닌 누구라도 마찬가지겠지만 그건 예의가 아니다. 만약 그런 상황이 빚어진다면 홍보는 역효과를 볼 수도 있다. 기자는 누구보다 자존심이 강한 부류이다. 기자단을 초청해놓고 내부 의전에만 열중하면 노골적인 불만을 제기한다. 이런 사례는 많다. 지나치게 의전에만 집중하고 기자단을 대상으로 하는 홍보를 뒷전으로 하면 주객이 전도된다. 이럴 땐 악성기사 세례를 받아 곤욕을 치를 수도 있다. 신중하게 접근해야 한다.

28 보도자료 제작과 배포는 가능한 일찍

오전 일찍 보내는 게 답이다

매일 다수의 보도자료를 발표하는 큰 기관은 제작과 배포시간이 일정하다. 예고되지 않는 보도자료를 배포할 때 기자에게 휴대전화 문자 알림 서비스를 진행하거나 일일이 전화를 걸어 알리는 등의 조치를 한다. 그만큼 홍보를 위한 시스템의 매뉴얼화 및 시스템화가 잘 돼 있다. 문제는 부정기적으로 보도자료를 발표하는 작은 기관이다. 이런 작은 기관의 경우, 별도의 언론홍보 담당자가 없이 총무나 기획업무를 담당하는 직원이 겸해서 홍보업무를 맡는 경우가 많다. 말이 겸직이지 홍보가 차지하는 비중이 미약해 홍보담당자란 직함이 무색한 경우도 얼마든지 있다. 그러니 제대로 홍보 시스템을 이해하고 있을 리가 없다.

작은 기관에서 가끔 보도자료를 발표할 때 생기는 문제점이 있다. 시간이 지나 선도가 떨어지는 묵은 자료를 보내거나 당일 배포하더라도 언론사 제작 시간을 전혀 고려하지 않고 자신의 일정에 맞춰 배포하는 사례가 많다. 언론의 생리나 보도의 구조에 대해 이해하지 못해 이 같은 문제가 발생한다. 그만큼 담당자가 전문화돼 있지 못하고 조직 내의 홍보업무가 시스템화 돼 있지 못하기 때문이다. 한편 이해는 되지만 기자는 안타깝거나 때로는 짜증 나는 순간을 맞게 된다. 홍보담당이라는 업무를 맡았으면, 보편적인 홍보 시스템을 파악해야 한다. 상급 기관이나 큰 기관 등 홍보 시스템이 제대로 가동되고 있는 곳에 문의해 관련 분야에 대한 기초 상식을 가져야 한다.

이런 실수투성이 기관은 평소 언론 관리를 거의 하지 않는다. 일이 닥쳐서 자신이 아쉬울 때만 언론을 찾고, 기자를 찾는다. 여기서부터 문제가 시작된다. 평소 언론과의 교류가 잦은 기관은 언론의 생리를 잘 알기 때문에 자료를 제작해 배포할 때도 적절한 주제를 잡아 적절한 시간에 발송한다. 그렇지 못한 기관은 모든 것이 엉망이다. 심지어는 담당 기자가 누군지도 몰라 이전의 담당 기자에게 자료를 배포하기도 하고, 자료가 잘 도착했는지 확인조차 하지 않는다. 자료에 업무담당자의 연락처가 없거나 제목과 동떨어진 내용이 본문을 채우기도 한다. 사진이 필요한 자료에 사진이 첨부되지 않거나, 내용이 빈약한 자료를 보내고 알아서 잘 써달라고 요구하기도 한다.

본문 내용 중에는 누가(Who), 언제(When), 어디서(Where), 무엇을(What) 어떻게(How), 왜(Why) 중 무엇인가가 빠져 있어 읽어도 내용을 이해할 수 없는 때도 있다. 궁금증이 풀리지 않고 오히려 없던 궁금증이 생기게 하는 자료가 오기도 한다. 무엇 하나 제대로 보도자료의 원칙을 지킨 것이 없는 경우이다. 주어와 술어의 연결이 되지 않아 읽어도 문장을 이해할 수 없는 비문(非文)을 보내기도 한다. 도저히 뉴스로서 가치가 없는 내용을 담아 보도해 달라고 요청하기도 한다. 거듭 말하지만, 이는 홍보마인드가 구축돼 있지 않기 때문이다. 홍보시스템을 이해하지 못하고 있기 때문이다. 교육의 기회를 제공해 극복할 수 있도록 해야 한다.

보도자료는 넉넉한 시간을 두고 배포해야 한다. 기자는 마감시간이 다가오면 정신을 못 차릴 정도로 바쁘다. 사방에서 동시다발적으로 보내온 보도자료를 살펴보고, 그중 기사로서의 가치가 있는 것을 가려내야 하고, 그것을 기사의 틀에 맞게 고치는 일도 해야 한다. 자신이 기획하고 취재한 내용을 기사로 옮기는 일도 해야 한다. 특정 보도자료 한 건에 집중할 수가 없다. 그러니 보도자료를 최대한 손 안 대고 실을 수 있을 정도로 완벽하게 작성해 발송해야 한다. 기자는 자료를 바탕으로 기사를 쓸 때, 부족한 부분을 발견하면 보충 취재를 한다. 보도자료를 일찍 보내야 하는 이유는 바로 이 때문이다. 임박해 보내면 기자가 검토할 시간이 없다. 또한, 보충 취재할 시간이 없다.

보도자료가 기자에게 늦게 도착하면 그만큼 기사화돼 매체에 실릴 확률이 떨어진다. 설령 보도되더라도 충실히 보충 취재를 하지 못할 경우, 사안의 중요성에 소략한 기사로 다뤄질 수도 있다. 제공자가 의도하는 바와 전혀 다른 기사로 게재될 수도 있다. 그러니 가능한 한 빨리 자료를 작성해 배포해야 한다. 기자는 늦게 배포되는 보도자료가 언론의 생리를 모르거나 무성의하다고 판단한다. 그래서 성심껏 써줄 필요가 없다고 생각한다. 시간이 되면 써주고, 그렇지 않으면 쓰지 않겠다고 생각한다. 어차피 아쉬운 건 자료를 제공하는 상대지 기자 자신이 아니니까. 보도를 요청하는 자료는 많고, 무엇을 선택해 쓸 것인지는 기자가 정한다. 기자의 구미에 맞춰줄수록 보도자료는 성의껏 취급된다.

애써 만든 보도자료 꼭 살아남게

시간 여유 있게, 격식에 맞는 자료를 작성해 보내는 보도자료는 얼마든지 있다. 기자는 많은 자료를 소화하기에 벅찬데 무성의한 보도자료까지 일일이 챙길 필요가 없다고 생각한다. 기자는 마감시간에 기사를 작성하는 데 열중하고, 그 이전 시간에 자료를 훑어보며 보도할 가치가 있는지 확인해 보충 취재를 결정한다. 한참 기사 작성에 열중인 마감시간에 전달되는 자료는 절대 성의 있게 취급하지 않는다. 어떤 보도자료를 선택해 얼마나 성의 있게 다룰지는 마감시간 이전에 결정하기 때문이다. 특별한 경우가 아니면 자신이 미리 측정해 정한 중량감에 따라 순서를 정해 기사를 작성하고, 보충 취재를 한다. 중간에 불쑥 끼어드는 자료는 제대로 평가받기 어려우니 최대한 오전 일찍 보내는 게 상책이다.

제공자가 관련 사진과 함께 보낼 생각으로 자료 제공을 늦추는 경우가 있다. 하지만 순진한 생각이다. 자료를 먼저 제공하고 '사진은 몇 시경에 별도의 파일로 발송하겠다.'고 안내를 하는 것이 옳은 방법이다. 사진이 필요한 경우는 대개 행사이다. 행사는 정해진 일정대로 진행된다. 기관장의 축사나 격려사도 미리 작성한 대로 읽는 경우가 대부분이다. 토론회를 한다 해도 주제발표의 내용은 미리 인쇄해서 배포된다. 그러니 보도자료는 미리 쓸 수 있다. 미리 써서 발송하고 사진은 나중에 별도로 보내면 된다. 순진하게 모든 행사가 끝난 후에 사진과 함께 발송하면 늦는다. 사건이나 사고, 협상 등이 아니라면 대부분의 행사는 각본대로 진행된다. 그러니 자료는 미리 작성해 배포하는 것이 맞다.

29 오프더레코드와 엠바고를 지키게 하라

비현실적인 면이 강한 오프더레코드

언론의 기사작성 관련 상식 중 오프더레코드(Off the Record)와 엠바고(Embargo)를 이해해야 한다. 직역하면 오프더레코드는 '기록하지 않는 발언', 엠바고는 '보도유예'이다. 이 두 가지는 기자라면 철저하게 지켜야 할 보도윤리이다. 하지만 이 두 가지를 지키지 않는 기자가 의외로 많다. 엠바고의 경우, 기사를 제공하는 기관이 기자단과 협의를 해서 정하는 것이 원칙이지만 기관이 일방적으로 정하는 예도 있다. 엠바고는 특별한 일이 없는 한 그런대로 잘 지켜지는 편이지만, 오프더레코드가 지켜지지 않아 고역을 치르는 경우가 있다. 그러니 오프더레코드는 가능하면 제안하지 않는 것이 옳다. 배고픈 고양이에게 생선을 던져주며 먹지 말라고 하는 것과 같기 때문이다.

오프더레코드는 비보도를 전제로 어떤 사실을 기자에게 전달하는 일이다. 좁은 의미의 오프더레코드는 정보를 제공하되 제공자의 신분을 밝히지 않는 것을 칭하기도 한다. 취재원이 오프더레코드를 요청하면 기자는 수첩을 덮고 그의 이야기를 들어야 한다. 물론 녹음기나 영상 촬영기를 작동해도 안 된다. 오프더레코드를 요청하면 받아줄 것인지 아닌지를 명확히 밝히는 것이 예의다. 오프더레코드라 해도 사안이 너무 중대한 경우엔 수용되기 어렵다. 약속도 중요하지만 어마어마한 일을 발설하면서 비보도를 전제로 하는 건 안 된다. 가령 자신이 수억 원의 공금을 횡령했다는 사실을 말하면서 오프더레코드를 받아달라고 하는 것은 모순이다. 오프더레코드를 제안할 때는 그럴 만한 합당한 이유가 있어야 한다. 그 이유가 합당하다고 판단되면 기자는 이를 수용할 의사를 밝히게 되고, 제공자는 비보도를 전제로 사실을 말하게 된다.

보도유예를 요청할 때는 다 이유가 있다

엠바고는 오프더레코드에 비해 현실적이다. 자료를 제공하는 측에서 일정 시점까지 보도를 유예해 달라고 요청하는 엠바고는 합당한 이유가 있을 때 제안할 수 있다. 기자단은 자료 제공 기관이 엠바고를 요청할 경우, 이를 수용할지를 결정해야 한다. 그러나 대개는 수용한다. 엠바고를 요청하는 경우는 워낙 많아서 일일이 예를 들기도 벅차다. 엠바고는 오프더레코드와 달리 비보도를 전제로 하지 않는다. 다만 보도를 일정 시간까지 미루는 것이다. 오프더레코드를 어겼을 때는 도덕적 비난을 받지만, 엠바고를 어겼을 때는 그에 따른 제재를 받게 된다. 엠바고는 아주 드물게 일부러 어기는 때도 있지만 대개는 부주의해서 엠바고가 작동 중인지 제대로 파악하지 못해 어기게 된다.

엠바고를 요청하는 가장 흔한 사례는 관례적 경우이다. 예를 들어 기관장이 해외를 방문해 현지 기관이나 기업과 대규모 투자협정을 체결한다고 가정하자. 이 협정 성사를 위해 실무진은 사전에 만나 세부적인 조율을 거쳐 기관장이 서명만 하면 되도록 모든 조치를 한다. 실상 모든 협정 내용은 정해졌지만, 최고 결정권자가 협정서에 서명해야 효력이 발생한다. 바로 이런 경우, 기관은 기자들에게 먼저 보도자료를 배포하고 현지에서 기관장이 서명하는 시간까지 보도유예를 요청한다. 협정의 내용은 이미 결정이 났지만, 서명하기 전에 뉴스가 보도될 수는 없는 일이다. 또한, 만에 하나 서명 전에 협정이 파기되는 수도 발생할 수 있다. 그래서 기관은 기자단에 엠바고를 요청하게 된다.

다른 하나의 예는 공익을 위하여 불가피한 경우이다. 교도소를 탈주한 흉악범이 도주하고 있다고 가정하자. 경찰이 포위망을 좁혀 그가 어느 도시 어느 지역으로 잠입했는지 알아채고 검거를 위한 작전을 준비하고 있다. 탈주 시간이 길어지면 주민의 불안은 날로 커지고, 이를 지켜보는 언론은 경찰의 무능함과 주민의 불안을 보도한다. 경찰을 비난하는 보도의 수위는 점차 거세진다. 이런 때 경찰은 기자단에 공식적으로 엠바고를 요청하며 수사브리핑을 한다. 국민의 불안을 잠재우고, 경찰이 불필요하게 국민으로부터 질타 받는 일을 차단하려는 조치로 보면 된다.

경찰은 브리핑을 통해 지금 현재 탈주범의 위치는 어디이고, 어떤 작전을 통해 몇 명의 경찰력을 동원해 몇 시에 검거를 시도하겠다고 밝힌다. 그러면서 예상되는 시간까지 수사상황에 대한 보도유예를 요청한다. 보도가 앞서 나가면 수사 보안이 새나가 탈주범이 도주하는 불상사가 생길 수 있다. 이런 때 경찰이 공식 엠바고를 요청하면 기자단은 수용한다. 엠바고를 요청하는 이유가 확실하고 기자단이 수용하지 못할 이유가 없다. 공익을 위한 엠바고는 얼마든지 요청할 수 있고 받아줄 수 있다. 엠바고는 공공의 이익이 전제되는 때 제안될 수 있고 수용될 수 있다.

개인의 제재와 매체의 제재

앞서 밝혔듯이 오프더레코드는 대개 개인 대 개인의 문제이기 때문에 어겼을 때 비난을 받을 수 있을지언정 제재를 가하기 어렵다. 하지만 엠바고는 기관과 기자단의 협의로 이루어지기 때문에 어길 경우, 제재가 뒤따른다. 특정 언론사가 엠바고를 어기고 먼저 보도하는 경우는 실수일 때가 많다. 보도자료 상단에 몇 날 몇 시까지는 보도유예를 한다고 표시해 발송했는데 기자가 미처 확인하지 않고 기사를 써서 보도하는 사례이다. 브리핑을 통해 엠바고가 발표되는 때가 많아 브리핑 현장에 참석하지 않은 기자는 보도자료를 통해 엠바고를 알게 된다. 엠바고가 걸린 보도자료는 상단에 보도유예 시간이 기록돼 있는데 이를 확인하지 않으면 낭패를 보게 된다.

그렇다면 엠바고를 어긴 기자와 언론사에 대해 누가, 어떤 제재를 가하게 될까. 엠바고를 지키지 않았다고 기관이 기자나 언론사를 상대로 직접 제재를 가하기란 쉽지 않다. 제재는 기자단 차원에서 이루어진다. 기자는 개인행동을 하면서도 단체행동을 한다. 기관마다 해당 기관을 담당하는 기자들의 모임인 출입기자단이 있다. 기자단은 기자실이란 공간에서 정보를 공유하고 취재의 편의를 받는다. 기자단은 특정 기자가 엠바고를 어겼을 경우, 일정 기간 기자실 출입을 통제하거나 부스 사용을 하지 못하게 하는 등의 제재를 가한다. 또는 기관이 일정 기간 엠바고를 어긴 언론사에 보도자료를 제공하지 못하게 한다. 이 같은 제재는 기자단이 사전에 협의를 통해 정한다. 그러니 저항할 수가 없다.

30 기자들이 사용하는 은어와 속어

사교에 도움이 되는 은어

어느 조직이나 그 분야에서 통용되는 은어가 있다. 은어는 다소 거북한 표현도 많지만, 적당히 사용하면 재미나 애교로 받아들일 수 있다. 은어를 알아듣는다는 것은 그 조직의 문화를 이해하는 것이다. 자신의 조직에서만 사용하는 은어를 누군가 알아듣고 함께 사용하면 그 사람이 자신의 업무에 관심이 많다는 것을 느끼고 왠지 모를 친밀감을 느낀다. 기자와 친해지고 싶다면 그들이 사용하는 은어를 몇 개 익혀 대화할 때 사용하면 의외의 효과를 거둘 수 있다. 그건 다른 집단도 마찬가지이다. 같은 분야의 종사자만 통하는 용어를 전혀 다른 분야 종사자가 알아들으면 그 자체가 신기하다. 조직에서 홍보 관련 업무를 맡아 담당한 경험자는 자연스럽게 기자 세계의 은어를 습득하게 된다. 은어를 적절히 사용하면 한결 빠르게 상대와 친해질 수 있다.

미리 밝히지만, 언론 관련 은어는 일본어가 많다. 이 땅에 최초의 매스컴이라 할 수 있는 신문이 처음 발행되기 시작한 것이 일제강점기이고, 일본의 신문발행 기법이 그대로 이 땅에 전해졌다. 신문 가로쓰기가 일반화되기 전인 2000년도 이전의 신문제작 관련 용어는 거의 일본어였다. 가로쓰기가 시작되고 컴퓨터 조판이 시작된 이후 일본어가 서서히 자취를 감췄다. 그렇지만 아직도 언론 현장에는 남아있는 일본어가 많고, 더불어 일본식 은어도 많다. 신문에서 사용하던 은어가 그대로 방송으로 흘러 들어갔다. 이는 무관한 신조어도 있고, 은어라기보다는 속어에 가까운 표현도 있다. 은어 사용을 장려할 필요는 없지만, 알아두면 언론을 이해하는데 적지 않은 도움이 된다.

일본어가 유독 많은 언론 은어

'사쓰마와리'는 사건팀 기자가 경찰서, 소방서, 대형병원 응급실 등을 순찰하며 사건기록을 살펴보는 일을 말한다. 주로 경찰을 담당하는 초년기자가 이 일을 맡게 된다는 이유로 신입기자, 경찰 출입기자, 사건기자를 일컫는 말로 사용된다. 수습기자를 '잔바리'라고 부르기도 한다. '나와바리'는 영역과 범위를 뜻하는 말로 기자는 취재 영역과 범위를 칭하는 말로 쓴다. '도꾸다이'란 특종보도 또는 단독보도를 일컫는 말이다. '도꾸누끼' 또는 '물 먹다'라는 표현도 기자들이 자주 사용하는 은어이다. 누군가 특종 또는 단독보도를 해서 낙종을 한 경우를 이렇게 표현한다. '도꾸누끼'보다는 '물 먹다'란 표현을 주로 많이 사용한다.

'반까이'는 낙종을 한 후 특종까지는 아니어도 낙종을 만회할 만한 기사를 써서 명예를 회복한다는 의미로 사용한다. '하리꼬미' 또는 '뻗치기'는 취재를 위해 어떤 현장에 잠행하는 것을 말한다. 잠행은 아니더라도 현장에서 대기하며 상황을 지켜보는 행위를 지칭한다. '하리꼬미'보다는 '뻗치기'란 말을 더 많이 사용한다. '야마'라는 말은 아주 많이 사용하는 은어이다. 기사를 쓸 때 그 기사가 주로 나타내고자 하는 바를 요약해서 작성하는 리드문을 일컬으며, 기사의 핵심가치이자 논점을 말한다. '우라까이'는 뭔가를 베끼는 일을 일컫는 은어다. 타인이 이미 작성한 기사를 베껴 쓸 때 이런 표현을 사용한다.

'조찡'또는 '존찡'이란 표현은 지나치게 호의적인 기사나 기사체를 말한다. 날카롭게 비판을 하지 않고 우호적이거나 칭찬 일색으로 쓰는 기사를 그렇게 표현한다. '게찌붙다'는 기사가 보도된 이후 취재원이 기사 내용에 대해 섭섭하다는 표현을 할 때 사용한다. '야로'라는 말은 뭔가 딴 속셈을 나타낼 때, 수작이나 꿍꿍이란 어감으로 사용한다. '데모찌'는 촬영하는 행위를 일컫는 말이다. '모찌 주다'라는 표현은 누군가 기사를 작성할 만한 제보를 줄 때 쓰는 표현이다. '겐세이'라는 말은, 취재하는 데 뭔가 방해가 되는 존재를 지칭한다. '시보리 치다'라는 말은 상대에게 엄포를 놓거나 겁을 준다는 의미로 사용한다.

영어와 한국어 은어

이처럼 일본어 또는 일본어에서 파생한 은어가 많은 가운데 영어 풍의 은어도 많다. '캡'은 각 출입기관의 선임기자를 지칭하는 말이다. 흔히 1진이라고도 표현한다. '바이스'는 캡에 이어 서열 2위인 출입기자를 지칭한다. '킬'은 기사를 썼는데 반영되지 못해 매체에 실리지 못하고 사장된 기사를 의미한다. 'OEM기사'는 청탁성 기사를 말한다. 주문자상표부착생산을 말하는 경제용어 OEM(Original Equipment Manufacturing)을 패러디하여 만든 말이다. '데스크'는 부서장급 기자를 지칭하고, '에디터'는 편집부원을 표현하는 말로 사용된다. '르포'는 현장감 있게 생생하게 쓰는 기사를 표현하는 말이다.

국어가 은어화된 단어들도 많다. '빨대'는 중요 정보를 제공해 주는 취재원을 표현한다. '빨아주다'는 홍보성 기사를 써주는 행위를 표현하는 말이다. '조찡'이라는 표현과 비슷한 의미로 사용된다. '털다'는 모든 기사를 써서 일과를 마감하는 상황을 표현한다. '관변기자단'은 공공기관에서 홍보와 관련된 업무를 담당하는 공무원을 부르는 말이다. 이들은 기자와 가장 가까이서 많은 시간을 보낸다. 기자의 심리와 일과에 대해서도 소상히 알고 있다. 그래서 관변기자단이란 표현을 쓴다. '양기자'는 품행이 바르지 못하고 기사 작성 능력도 떨어져 함량 미달의 기자를 양아치에 빗대 표현하는 말이다. 차마 양아치라고는 말하지 못하고 양기자라고 부른다.

CHAPTER4

정책홍보의 출발점 보도자료

31 스트레이트가 뭐기에?

5W1H가 가장 명확한 글

언론인이 하루 중 가장 많이 하는 말이 아마 '스트레이트(Straight)'가 아닐까 싶다. 주변에 아는 기자가 있다면 그가 자주 '스트레이트'란 말을 하는 것을 들어봤을 것이다. 기자끼리 대화를 할 때는 수도 없이 '스트레이트'라는 말을 주고받는 것을 들었을 것이다. 대충 무슨 말인지 짐작은 가지만 물어보기도 그렇고, 모른다고 무슨 불이익이 오는 것도 아니니 그냥 넘긴다. 하지만 스트레이트란 말은 기자를 이해하고, 언론을 이해하는 데 가장 필요한 말이다. 사전적으로는 '직선'이라는 명사 의미와 함께 '똑바로', '연속해서', '곧장', '바로' 등의 부사적 의미가 있다. 스트레이트는 기사를 작성하는 하나의 문체이다. 실상 거의 모든 기사는 스트레이트로 쓴다.

그냥 스트레이트라고도 하고 스트레이트 기사라고도 하는 이 문체는 '불필요한 내용이나 표현 없이 꼭 필요한 말만 간추려서 사실에 따라 객관적으로 쓰는 글'을 의미한다. 흔히 말하는 5W1H(Who, When, Where, What,

How, Why)를 기반으로 핵심적인 내용을 간추려 설득력 있게 작성해 객관적 사실을 전하는 글이다. 사실을 전달하는데 꼭 필요한 말만 간추려 쓰는 것이 가장 큰 특징이다. 불필요하게 뜸 들이는 말 쓰지 않고, 꾸미는 말도 쓰지 않는다. 에둘러 쓰지도 않는다. 아주 직설적으로 필요한 말만 쓴다. 꼭 하고 싶은 말, 중요한 말부터 차례로 쓴다. 이 글쓰기 방법을 연역적(演繹的) 기술방식이라 한다. 두괄식(頭括式) 글쓰기라고도 한다. 기자들이 기사를 작성하는 글, 즉 기사체 문장이 바로 스트레이트이다. 기사문 중에는 스트레이트가 아닌 문장도 존재하지만, 일부일 뿐이다. 대개의 기사는 스트레이트로 작성한다.

어찌 생각하면 성질 급한 한국인에게 딱 맞는 문체가 스트레이트다. 결론부터 직설적으로 요점만 간단하게 쓰기 때문이다. 스트레이트는 가장 전달력 있고, 호소력 있고, 논리적인 글이다. 하지만 한국인에게 절대 익숙하지 않은 글이다. 한·중·일 동아시아문화권에서는 서론-본론-결론의 삼단논법에 맞춰 글 쓰는 것이 보편화되어 있다. 어려서부터 그렇게 글을 쓰도록 배웠다. 그래서 대부분 한국인은 결론부터 쓰는 글에 익숙지 않다. 스트레이트란 글을 설명하고 써보라고 해도 못 쓴다. 이미 삼단논법이 머릿속에 세팅돼 있기 때문이다. 결론은 나중에 쓰는 것이란 생각이 너무 깊게 각인돼 있다. 한국인은 분위기 잡는 말부터 시작해 서서히 할 말의 범위를 좁혀 나가다가 나중에 결론을 적는 작문법에 익숙해 있다.

익숙지 않은 두괄식 글쓰기

스트레이트는 흔히 역피라미드 방식의 글이라고 표현한다. 정삼각형을 꼭짓점이 바닥에 닿게 거꾸로 세워놓은 모형을 놓고 이 문체를 설명한다. 위는 넓고 아래로 갈수록 좁아지는 삼각형 모양으로 문장의 작성법을 소개한다. 여기서 넓고 좁음의 차이는 문장의 양이 많고 적음을 나타내는 것이 아니다. 중요도를 표현한 것이다. 즉 글의 머리 부분에 중요한 말, 가장 하고 싶은 말, 가장 핵심적인 말을 적고 아래로 내려가면서 점차 중요도가 떨어지는 말을 적는다. 특히 가장 처음으로 쓰는 한 줄에 전체 글에서 밝히고자 하는 논지를 적는다. 첫 줄만 읽고도 글쓴이가 무슨 말을 하려고 하는지를 단번에 알아차리게 글을 쓰라는 것이다.

설명을 들으면 알아들은 것 같은데 막상 써보라면 그렇게 못 쓴다. 너무 오래 정반대로 글을 써왔기 때문이다. 기자가 돼 기사 작성 교육을 받게 되면 선배들이 아주 자세히 스트레이트의 원리를 설명해 주고 왜 이렇게 써야 하는지도 설명해 준다. 그렇지만 신입기자는 절대 선배기자가 원하는 대로 글을 쓰지 못한다. 원리는 이해하지만, 손이 그렇게 안 나간다. 수십 년 몸에 익은 습성 때문이다. 족히 몇 달간 혼나면서 글쓰기 훈련을 해야 비로소 스트레이트를 쓸 수 있게 된다. 두괄식 글쓰기가 일반화돼 있는 영·미문화권 국민에게는 스트레이트가 자연스러울지 몰라도 삼단논법 또는 기-승-전-결의 사단 논법에 익숙한 한·중·일 동아시아문화권 사람에게 스트레이트는 절대 쉽지 않은 작문법이다.

스트레이트가 어려운 또 하나의 이유는 모든 군더더기를 제거해야 한다는 점이다. 대개 사람들은 불필요한 수식어를 비롯한 군더더기를 쓰는 것이 습관화돼 있다. 그런 말을 써야 글을 잘 쓰는 것으로 착각한다. 최대한 짧게, 최대한 간략하게, 최대한 요약해서 적어야 스트레이트다. 별도로 훈련돼 있지 않으면 스트레이트를 쓰기가 정말 어렵다. 자꾸 늘어지게 쓰고, 불필요한 수식어를 쓰고, 결론은 뒤로 보내려 하는 습성을 하루아침에 고치기란 쉽지 않다. 수습기자 때 스트레이트를 배우면서 선배의 호된 꾸지람을 받는다. 버럭 화를 내고 눈을 흘기는 선배의 훈육법에 가슴이 철렁철렁 내려앉는 경험을 몇 번 반복해야 비로소 스트레이트가 손에 익는다.

32 한마디로 요약하면 뭐지?

말은 결론부터 하면서…

한국인은 대화를 나눌 때 상대가 자신이 듣고 싶은 얘기에서 빗나가 다른 이야기를 하면 급한 성격을 드러내며 "그래서? 결론이 뭐야? 결론부터 말해봐."라고 말한다. 그러나 정작 글을 쓸 때는 결론부터 쓰려고 하지 않는다. 글쓰기는 철저한 습관인데 평소 글을 써보지 않아 쓰기 자체에 큰 부담을 갖는다. 학교 정규 과정에는 글쓰기 수업 자체가 없다. 그나마 학생 때 억지로라도 썼던 글은 모두가 귀납적(歸納的)[1] 미괄식(尾括式)[2]으로 썼다. 그러니 갑자기 연역적(演繹的)[3] 두괄식(頭括式)[4]으로 글을 쓰라면 누군들 바로 쓸 수 있겠는가. 누군가 집중적으로 지도하며 몇 날을 가르치고, 배운 대로 써보고 하는 과정을 겪어야 결론부터 쓰는 글을 흉내라도

1 하나하나의 구체적이고 특수한 사실을 종합하여 그것으로부터 일반적인 원리를 추론하는
2 주제문이 문단이나 글의 뒷부분에 오는 산문 구성 방식
3 일반적이고 보편적인 사실이나 원리로부터 개별적이고 특수한 사실이나 원리를 끌어내는 사유방식에 의한
4 주제문이 문단이나 글의 앞부분에 오는 산문 구성 방식

낼 수 있다.

결론부터 쓰는 글은 첫 줄에 핵심 내용을 담아내고 다음부터는 그 문장을 부연 설명하고 사례를 드는 문장을 쓴다. 자신이 글을 통해 주장하고자 하는 바를 단 한 줄로 요약해서 그것을 맨 앞줄에 쓸 줄 알게 되면 두괄식 글쓰기의 절반이 끝난다. 즉 스트레이트를 쓸 줄 알게 된다. 스트레이트는 두괄식 글쓰기의 가장 대표적인 유형이다. 일반적 두괄식 글쓰기 문장과 스트레이트의 차이점은 앞서 밝힌 대로 불필요한 수식어를 쓰지 않는다는 점과 최대한 간결하게 요지만 전달한다는 점이다. 스트레이트는 두괄식 문장의 대표적인 유형 중 하나이면서, 가장 간결하게 쓰는 글이라고 생각하면 된다.

두괄식 문장, 특히 스트레이트를 쓰려면 요점을 한 줄로 압축해서 정리할 줄 알아야 한다. 그것이 핵심이다. 스트레이트에서 그 문장을 리드문이라고 한다. 기자는 이 리드문을 '아다마' 또는 '야마'라는 일본어로 표현하기도 한다. 기사문은 대표적 설득 커뮤니케이션 문장이다. 상대를 이해시키고 설득시켜서 주장하는 바를 전달하는 데 목적을 둔다. 단 한 줄의 리드문을 읽고 나면 기자가 독자에게 전달하고자 하는 메시지가 무엇인지 알아차려야 한다. 그렇게 쓰는 기사가 제대로 된 기사이다. 기자는 첫 줄만 읽어보면 제대로 배운 기자가 쓴 글인지, 엉성하게 배워서 흉내만 낸 글인지 파악한다. 단 몇 초면 감별한다. 기관이나 기업에서 배포하는 보도자료도 마찬가지이다. 기자는 병아리감별사가 병아리를 감별하는 정도의 시간이면 자신에게 전달된 보도자료가 기사로서의 가치가 있는지 파악한다.

이상에서 언급한 사실을 되새기면서 신문을 펴고 기사를 또박또박 읽어보라. 인터넷신문도 마찬가지이고 방송뉴스도 마찬가지이다. 리드문이 라고 하는 첫 줄에서 정확하게 전달하고자 하는 메시지가 파악되면 제대로 된 스트레이트 문장이다. 기자는 앉으나 서나, 자나 깨나 머릿속으로 스트레이트의 리드문을 쓴다. 리드문을 쓴다는 것은 기사의 핵심이 무엇인지를 파악하는 것이다. 어떤 사건이나 사고, 행사, 인터뷰 등을 접하면서도 늘 핵심이 무엇이고, 가장 중요한 메시지가 무엇인지를 생각한다. 그래서 대통령이 한 시간에 걸쳐 담화문을 낭독해도 많은 언론매체가 핵심적으로 다루는 내용이 일치하는 것이다.

단 한 줄만 읽어봐도 안다

제대로 스트레이트 작성 훈련을 받지 않은 채 기사를 작성하면 망신을 당한다. 훈련된 기자는 단 한 줄을 읽고도 훈련되지 않은 가짜기자가 쓴 글을 알아본다. 기자는 일상생활을 하면서 누굴 만나서 무슨 대화를 하든, 어떤 일을 겪든 머릿속으로 스트레이트의 리드문을 쓰는 훈련을 한다. 그래서 그들은 어떤 일이 터져도 민첩하게 기사를 작성할 줄 안다. 아주 삽시간에 쓰지만, 매우 명료하게, 논리적으로, 호소력 있게 기사를 쓴다. 매체는 시간(방송) 또는 공간(신문지면)의 제한을 받기 때문에 편집이라는 과정을 거쳐 완성된 뉴스를 생산한다. 두괄식으로 작성한 문장은 후미 부분을 제거해도 문장의 완성도가 훼손되지 않는다. 그래서 불필요한 뒷부분을 과감히 삭제할 수 있다. 기사문이 스트레이트로 작성되는 또 다른 이유이기도 하다.

사회적으로 영·미문화권 유학생들이 늘고, 두괄식 문장 작성의 이점이 주목받으면서, 한국에도 두괄식 글쓰기 바람이 불고 있다. 하지만 워낙 오래 워낙 깊게 미괄식으로 글을 쓰는 습관이 배어 있어 쉽게 고치지 못하고 있다. 그러나 바뀌는 면은 있다. 가령 논문을 쓸 때 제목 바로 아래, 글의 가장 앞부분에 상자를 치고 그 안에 논문 전체를 요약한 문장을 싣는 것이 대표적 사례이다. 요즘은 기관이나 기업에서도 보고서를 작성할 때는 문서의 제목 바로 아래에 가장 핵심적인 내용을 정리해서 상자 안에 정리하는 것을 흔히 본다. 이것이 결론부터 쓰는 두괄식 문장 작성법이라 할 수 있다. 전체 내용을 한 줄로 압축하는 기술을 익히면 스트레이트를 쓸 수 있다. 그러면 보도자료는 물론 기사도 쓸 수 있게 된다.

Bad 잘못된 보도자료

금강시, 시승격 50주년 맞아 20대 1000명 설문조사

환경, 교육 분야 만족도 높아 … 일자리 부족은 문제점

금강시가 시 승격 50주년을 맞아 삶의 만족도 파악 차원에서 관내 주민 1000명을 대상으로 경제, 교육, 문화 등 사회 전반에 걸쳐 설문 조사를 하였다.

설문 조사는 전문업체인 리서치앤드에 의뢰해 1일부터 3일까지 3일간 모바일 전화를 이용해 진행됐다. 신뢰수준은 90%이며 표준오차는 ±2.0%포인트이다.

금강시의 경제는 발전지향적인가라는 첫 번째 질문에 400명이 '매우 그렇다', 100명이 '그렇다', 200명은 '보통이다', 150명은 '그렇지 않다', 50명은 '매우 그렇지 않다'라고 답했다.

금강시 경제의 문제점 관련 질문에는 무려 750명이 '일자리 부족'을 꼽았고, 150명은 '지역자본의 유출', 100명은 '인구의 고령화'를 꼽았다.

금강시의 교육 여건이 양호한가에 대한 질문에는 절반인 500명이 '매우 그렇다'라고 답했고, 100명은 '그렇다', 200명은 '보통이다', 150명은 '그렇지 않다', 50명은 '매우 그렇지 않다'라고 각각 답변했다.

교육 분야의 문제점에 대한 질문에는 400명이 '사설 학원 부족'을 꼽았고, 300명은 '4년제 대학의 부재'라고 답했다. 200명은 '우수학생 유출', 100명은 '도서관 부재'를 각각 지목했다.

금강시의 문화 여건이 양호한가에 대한 질문에는 400명이 '매우 그렇다', 200명은 '그렇다', 350명은 '보통이다', 50명은 '그렇지 않다'고 답변했다. '매우 그렇지 않다'는 답변자는 없었다.

Good 올바른 보도자료

금강시민 75% "일자리 부족하다"

50% 교육 여건 '양호' 답변…시승격 50주년 설문

금강시민 100명 중 75명이 일자리 부족을 지역경제의 가장 큰 문제점으로 꼽았다.

하지만 전체 시민 중 40%는 금강시의 경제가 발전지향적이라며 긍정적 평가를 하는 것으로 조사됐다.

이 같은 결과는 금강시가 시 승격 50주년을 맞아 지난 1일부터 3일간 지역민 1000명을 대상으로 벌인 설문 조사 결과 밝혀졌다.

시민들은 지역경제의 미래에 대해 긍정적으로 생각하면서도 당장 일자리가 부족한 문제는 무려 75%가 심각하게 받아들이고 있었다. 이밖에 15%는 '지역자본의 유출', 10%는 '인구의 고령화'를 지역경제의 문제점으로 꼽았다.

교육 여건에 대해서는 응답자의 절반인 500명이 대체로 매우 양호하다는 생각을 하고 있었다. 100명은 '그렇다', 200명은 '보통이다', 150명은 '그렇지 않다', 50명은 '매우 그렇지 않다'라고 각각 답변했다.

문화 분야의 만족도에 대해서도 절반 이상이 긍정적 평가를 했다. 문화 여건의 문제점에 대한 질문에는 350명이 '대규모 공연시설 부족'을 지목했고, 250명은 '문화 동아리의 부재', 200명은 '관련 단체의 무관심', 150명은 '시의 지원 부족', 50명은 '주민의 무관심'을 각각 꼽았다.

이번 조사는 금강시가 여론조사 전문업체인 리서치앤드에 의뢰해 1일부터 3일까지 3일간 모바일 전화로 진행했다. 신뢰수준은 90%로 표준오차는 ±2.0%포인트이다.

33
보도 뉴스의 70%는 보도자료

기자는 항상 독자 편이다

뉴스의 소비자는 비판기능 때문에 뉴스가 재미있다고 생각한다. 뉴스가 온통 칭찬 일색이라고 가정해보자. 그 뉴스를 재미있다고 여기고 눈여겨볼 사람은 아무도 없다. 자신이 미처 생각지 못했던 고발성 뉴스, 비판성 뉴스가 나와야 속 시원하다고 느끼고 뉴스의 가치를 인정한다. 모든 주민이 기관의 예산집행에 대해 별 관심 없는 듯 보이지만, 실상 각별한 관심이 있다. 적극적으로 조사하고 파악할 시간과 여력이 없을 뿐 자신이 낸 세금으로 운영되는 관공서의 움직임에 관심이 있다. 그러면서 공무원이 어떤 특권을 누리는지, 어떤 부당한 일을 저지르는지 알고 싶어 한다. 누군가 그것을 파헤쳐 주기를 바라고 있다. 언론이 바로 그 역할을 해주길 바라는 것이다.

홍보 일색, 칭찬 일색의 기사가 방송과 지면을 가득 메운다면 주민은 뉴스에 관심을 두지 않을 것이다. 반면 기관에 몸담은 공무원의 경우, 소속 기관의 치부를 최대한 감추고 홍보성 기사가 모든 언론을 장식하길 바란다. 기자가 비판성 기사를 쓰면 "저 기자는 왜 이렇게 매사 비판적이야?"라며 불편한 심기를 드러낸다. 하지만 자신이 속한 조직이 아닌 다른 조직에서 일어난 사건의 비판성 기사가 매체에 보도되면 통쾌해하고 당연하다고 생각한다. 자신의 조직에 대해선 한없이 관대하지만 다른 조직에 대해선 일반 주민과 같은 시각을 갖는다. 공무원 역시 칭찬 일색의 기사만 쓰는 언론은 언론으로 여기지 않을 것이다. 비판이 없는 언론은 언론이 아니고, 비판적 시각을 갖지 못한 기자는 기자가 아니다.

그래서 기자는 늘 주민의 편에서 '무엇이 불합리한가?', '무엇이 잘못됐는가?', '무엇이 바뀌어야 하나?'를 생각한다. 이런 생각 없이 기관에서 주는 보도자료만 쓴다면 누구도 그를 기자로 인정하지 않는다. 이렇게 이야기하면 보도자료의 뉴스 가치가 없다고 말하는 것 같지만 전혀 그렇지 않다. 보도자료는 기관이 진행하는 정책을 주민에게 전달하는 아주 유용한 수단이고, 뉴스를 구성하는 중요한 요소이다. 뉴스 소비자는 비판성 기사에 주목할 뿐 정책기사에 별 흥미를 못 느낀다. 정책뉴스는 자신과 관련 있는 것만 골라서 보고, 그것만 기억한다. 예를 들어 자신이 장애인인데 장애인 혜택이 확대되는 뉴스가 보도되면 그 뉴스를 찾아 읽고 정확하게 기억한다. 반면 본인이 장애인이 아니고 가족 중 장애인이 없다면 그 뉴스에 별 관심을 보이지 않는다. 그건 당연하다.

공짜지만 영양 만점

기관·기업·단체마다 엄청나게 많은 보도자료를 생산해 언론사에 제공한다. 그 많은 자료는 뉴스 가치가 높은 순서대로 채택돼 매체에 실린다. 그렇게 실리는 보도자료 기반 뉴스가 하루에 각 매체에서 발표하는 뉴스의 70% 이상이다. 매체에 실리지 못하고 사장되는 자료가 무수히 많다. 그것은 어쩔 수 없는 일이다. 뉴스로서의 가치가 있는 자료를 제치고 가치가 없는 자료를 기사화할 수는 없다. 보도자료는 뉴스가 갖는 최우선의 원칙이라고 할 수 있는 비판기능이 없어서 각 매체가 주요 뉴스로 취급하지 않는다. 하지만 충분히 가치가 있는 뉴스이다. 뉴스를 구성하는 중요한 요소이다.

기관은 보도자료를 통해 시행 중인 정책을 주민에게 알린다. 매체는 보도자료를 기사화하며 별도의 비용을 요구하지 않는다. 즉 무료인 홍보수단이다. 무료지만 값을 치르고 진행하는 어떤 광고보다 효과가 크다. 세상에 싼 게 비지떡이고 공짜는 공짜인 이유가 있다고 하지만, 보도자료는 공짜임에도 효과 만점이고 영양 만점이다. 신뢰성까지 갖고 있다. 그러니 기관·기업은 방법 불문하고 많은 보도자료를 제공하고, 제공한 자료가 최대한 많이 매체에 실리도록 지혜를 모아야 한다. 여기에는 적자생존의 원칙이 적용된다는 점을 유념해 품질을 높이는데 전력해야 한다. 특히 시간을 지켜 발송해야 한다.

언론사는 자사기자가 발품을 팔아 취재한 기사에 우선순위를 둔다. 기자가 직접 현장을 누비며 취재한 기사는 대부분 비판성 기사이다. 하지만 보도자료가 주민 생활과 밀접한 관계가 있고 파급력이나 영향력이 매우 클 때는 주요기사로 취급할 수도 있다. 주민 생활에 영향력이 있는 내용을 스트레이트라는 독특한 문체에 맞춰 제시간에 전달하면 충분히 주요기사로 다뤄질 수 있다. 보도자료라고 해서 무조건 소략한 기사로 취급되는 것은 아니다. 기관의 홍보 성패는 보도자료를 얼마나 내실 있게 준비해 적절히 잘 배포하는가로 결정된다. 기관·기업은 보도자료의 성격을 자세히 파악하고, 철저하게 작성해 배포하면 의외의 소득을 올릴 수 있음을 명심해야 한다.

34
절대 두 장을 넘기지 않게

맥시멈은 한 장 반

보도자료는 한 장으로 작성하는 것이 가장 좋다. 앞서 밝힌 스트레이트 작성 방식대로 써야 한다. 불필요한 형식이나 미사여구 등을 모두 걷어내고 뼈대만 추려서 글을 쓰면 어떤 글이라도 한 장 또는 두 장으로 압축해 쓸 수 있다. 이보다 길게 썼다면 둘 중 하나다. 횡설수설 장황하게 문장을 작성했거나, 의미 없는 수식어를 잔뜩 넣어 문장의 길이를 늘인 것이다. 스트레이트 형식으로 글을 쓰면 절대 두 장을 넘길 수 없다. 아무리 줄여도 두 장이 넘어간다면 그건 스트레이트가 아니다. 스트레이트 문장은 전체적으로 글을 요약해 쓴다는 점 외에 문장 자체가 짧다는 점도 특징이다. 스트레이트 문장은 아주 간략하게 쓰기 때문에, 거의 매줄 마침표가 있다.

말은 두 장이라고 하지만 두 장은 기사로 소화하기엔 너무 긴 분량이다. 한 장이면 족하고, 피치 못하면 한 장 반 이내로 끝내야 한다. 그렇지만 아주 특별히 두 장을 넘겨야 할 때도 있다. 그렇다고 두 장, 세 장, 네 장으로 보도자료를 작성하면 안 된다. 절대 한 장 반을 넘기지 않겠다고 생각하고 글을 써야 한다. 다만 전문 분야이고 기자를 비롯한 일반인에게 생소한 내용을 전해야 할 경우, 예외를 허용할 수 있다. 하지만 이때도 한 장 반을 넘길 필요는 없다. 이유불문 보도자료는 한 장 반 이내로 끝내고 추가설명이 필요한 부분은 붙임 자료를 작성해 첨부하는 형식이 돼야 한다. 보도자료를 읽어보고 관심이 있다면 붙임 자료를 점검하도록 유도하는 것이다.

글쓰기에 앞서 마음 내려놓기 훈련부터

이런저런 얘기를 다 담아내고 싶은 것은 작성자의 욕심이다. 자료 제공자는 오랜 노력 끝에 실행단계에 이른 정책을 소상히 전달하고 싶은 욕심을 앞세운다. 그러면서 스트레이트의 기본을 망각하고 자꾸 불필요한 이야기를 덧붙이게 된다. 글이 길어진다. 정책을 실행단계까지 끌고 오는 동안 수고한 사람들의 이야기, 정치적으로 도와준 이들에 관한 이야기도 담고 싶어 한다. 정책 실행을 위해 기관장이 얼마나 많은 관심과 노력을 기울였는지 밝히고 싶어 한다. 하지만 주민은 그런 노력을 당연하게 받아들일 뿐 기사에 실릴 내용이 아니라고 본다. 주민 눈높이에 맞게 뉴스 중량을 측정하고 거기에 맞춰 자료를 작성할 줄 알면 훌륭한 뉴스제공자이다. 특히 홍보업무 담당자라면 이 시각부터 키워야 한다.

기자가 어느 기관이나 분야를 담당하느냐에 따라 전달되는 보도자료의 건수는 확연히 차이 나지만 대개 수십 건이다. 기자가 자신에게 전달되는 보도자료를 아주 천천히 꼼꼼히 읽는다면 그것만으로도 족히 서너 시간은 걸릴 수 있다. 기자는 보도자료를 그렇게 꼼꼼히 읽지 않는다. 그건 무성의해서가 아니다. 기사를 오래 다루다 보면 생기는 그만의 능력 때문이다. 기사를 수년 넘게 다루면 그 분야에 남다른 시야가 생겨 달인이 된다. 제목과 본문 한두 줄만 살펴봐도 가치가 있는 자료인지, 버려도 되는 자료인지 금세 안다. 심지어 본문을 보지 않고 제목만 보고도 기사의 중량감을 측정하는 능력이 생긴다.

그러니 보도자료를 작성해 기자에게 보낼 때는 뉴스 가치가 있는지 신중히 생각해보아야 한다. 뉴스 가치가 없는 자료라면 굳이 고생해서 시간 허비해가며 작성할 필요가 없다. 어차피 매체에 실리지 않을 것이니까. 상관에게 일하고 있다는 시늉을 하기 위한 목적이라면 모를까 실제 보도를 통해 주민에게 알리고자 하는 목적이라면 필요 없는 짓이다. 그렇다면 어떤 자료가 뉴스 가치가 있는 것일까? 대단히 어려워 보이지만 답은 의외로 간단하다. 뉴스 소비자인 주민의 눈으로 뉴스를 바라보고 중량을 평가하는 것이다. 뉴스를 생산하는 기관은 기관의 관점에서 가치 있는 일을 판단해 자료를 만들지만 그건 기관의 생각일 뿐이다.

주민은 그와 전혀 다른 가치 기준을 갖고 있다. 주민은 공무원이, 또는 기업의 사원들이 그들의 기관장이나 총수에게 갖는 그런 충성심이 없다. 신비감도 없다. 그저 기관장일 뿐이고 그저 총수일 뿐이다. 기자에게 중요한 것은 뉴스 소비자인 독자와 시청자의 시각이다. 그러나 공무원은 그런 시각을 갖고 있지 않다. 틈만 나면 어떤 수단과 방법으로 기관장을 띄울 수 있을까만 궁리한다. 충성심이라고 표현은 하지만 실상은 자신이 조직 내에서 인정받고 싶은 욕구, 더 솔직히 말해서 좋은 보직을 받고 싶고 나아가 승진하고 싶은 욕구를 드러내는 것이다. 기자도 그 마음을 충분히 이해는 하지만 그렇다고 뉴스 가치가 없는 기관장 홍보, 총수 홍보를 기사로 작성하지는 않는다. 뉴스 소비자가 전혀 관심 없어 한다는 것을 잘 알기 때문이다.

35
사진은 화룡점정

보는 눈이 다르기 때문

사진은 대단히 중요한 보도자료이다. 잘 찍은 사진 한 장은 완벽하게 작성한 문장보다 몇 배의 전달력을 갖는다. 스마트폰의 등장과 메신저의 발달로 동영상이 생활 깊숙이 파고든 것은 맞지만 사진의 전달력은 여전하다. 단 한 장의 사진은 깊은 울림을 주고, 많은 생각을 하게 한다. 마음의 울림을 주고 많은 생각을 하게 하는 사진을 찍기란 말처럼 쉽지 않다. 일반인이 별생각 없이 찍는 사진과 사진작가가 작품을 기획하고 찍은 사진은 분명한 차이가 존재한다. 사진이 예술 장르에 진입하려던 초기에 기술일 뿐 예술이 아니라고 보는 시각이 있었지만, 분명한 예술 분야로 자리를 잡았다. 사진작가가 찍는 사진이 일반인이 찍는 사진과 확연히 다른 예술성을 갖는다는 점을 인정받았기 때문이다.

작가의 작품사진과 마찬가지로 사진기자가 찍는 보도사진은 분명 일반인이 찍는 사진과 차이가 있다. 큰 기관은 사진 전담자가 있지만, 그들이 찍는 사진과 사진기자가 찍는 사진도 차이가 있다. 그 차이점이 무엇인지 발견할 수 있다. 기관이나 기업에서 언론사에 제공하는 보도용 사진을 사진기자가 찍는 보도사진 수준까지 요구하는 것은 분명 무리다. 하지만 보도사진이 갖는 특징을 이해하고 최대한 근접한 콘셉트로 사진을 찍으려고 노력해야 한다. 어차피 보도사진도 보도자료와 마찬가지로 제공자 관점이 아닌, 소비자 관점을 가져야 한다. 소비자에게 유익한 정보를 전달할 목적이 아닌 제공자 관점에서 알리고 싶은 내용을 담으면 이 또한 매체에 실리기 어렵다.

기관이 언론사에 전달하는 사진은 몇 가지 특징을 갖는다. 첫째는 기관장을 지나치게 조명하려 든다는 점, 둘째는 현수막 문구를 의식한다는 점, 셋째는 집결한 사람의 머릿수를 의식한다는 점 등이다. 이에 반해 보도사진이 갖는 특징이 있다. 보도사진은 가능하면 인물을 주인공으로 삼으려 한다. 그것도 일반인을 주인공으로 한다. 현수막이나 글자를 앵글에 담으려 하기보다는 사람들의 표정을 통해 분위기나 사실을 전하려 한다. 일부를 통해 전체를 드러내려는 성향을 보인다. 사람의 표정은 희로애락이 표현된다. 사진기자는 그 희로애락을 앵글에 담고 싶어 한다. 사진기자의 시선은 늘 참석자의 표정을 향해 있다.

아주 쉬운 예를 들어보면 대천해수욕장에서 머드축제를 진행한다고 가정할 때 기관은 시장이나 국회의원, 장관 등이 축사를 하는 장면, 개막식이란 문구가 드러나 보이는 무대 전체의 장면, 또는 개막식 관람석을 가득 메운 인파 등을 앵글에 담으려 한다. 반면 사진기자는 머드를 온몸에 바르고 진흙더미에 뒹굴며 환하게 웃는 관광객의 모습을 클로즈업해서 사진을 찍는다. 이것이 확연한 차이이다. 다른 행사장도 마찬가지다. 기관은 행사에 초점을 맞추고, 기관장에 초점을 맞추지만, 사진기자는 '머드'와 '즐거움'이란 주제를 앵글에 담아내려 한다. 굳이 현수막을 앵글에 담아내지 않아도, 사진설명(캡션) 한 줄로 상황에 대한 부족한 설명은 극복할 수 있다.

캡션을 활용하면 전문가

하나의 예를 더 들어보자. 한 지자체가 유명인사를 초청해 주민 대상 인문학 강연을 개최했다고 가정하자. 기관은 그 유명인사를 주인공으로 생각한다. 그래서 그를 사진에 담으려고 애쓴다. 또 한편 그 유명인사를 소개하기 위해 연단에 올라 주민에게 인사말을 하는 기관장을 주인공이라고 생각한다. 그래서 기관장을 앵글에 담아 수없이 많은 사진을 찍는다. 아울러 '한라산 선생 초청 인문학 강좌'라는 현수막에 집중한다. 얼마나 사람이 많이 참석해 성황을 이루었는지 증명해 보이려는 의도가 강하다. 그래서 형체를 알아볼 수 없이 작게 나타나는 사람들의 뒤통수를 찍으려고 부단히 노력한다. 전체 행사명이 나오는 현수막이 가물가물하게 잡히고 연단에 기관장이 올라가 있고, 축사하는 동안 바른 자세로 앉아 있는 수많은 주민의 뒤통수를 앵글에 담았다면 성공한 사진이라고 생각한다.

하지만 보도사진은 콘셉트가 전혀 다르다. 아마 사진기자는 강연을 열심히 들으며 몰입도가 최고조에 올라가 있는 주민을 주인공으로 잡을 것이다. 강연에 심취해 넋을 놓고 있는 그의 표정을 찍을 것이다. 그러고는 사진설명에 '백두시 주최로 한라산 선생 초청 인문학 강의가 진행된 가운데 시민이 심취한 모습으로 강의를 경청하고 있다.'라고 쓸 것이다. 사진을 설명하는 짧은 글을 캡션(caption)이라고 한다. 짧게 쓴다는 것은 누구나 부담 없이 읽으라는 의미이다. 사진자료 제공자는 캡션을 염두에 두지 않는다. 그냥 사진 자체로 모든 것을 보여주려 한다. 그래서 현수막 문구에 집착한다. 하지만 사진기자는 독자가 사진을 보고 약간의 궁금증을 갖게 한다. 그러고는 캡션으로 상황을 깔끔하게 정리해 준다. 그게 전문가와 비전문가의 차이점이다.

사람의 표정은 모든 것을 말해 준다

이렇듯 보도사진을 바라보는 양자 간의 현격한 시각 차이가 존재한다. 홍보기능 강화를 위해 기자 출신을 직원으로 특채하는 기관과 기업이 늘고 있다. 최근에는 사진의 중요성이 강조되면서 사진기자가 기관이나 기업으로 스카우트되는 사례도 적지 않다. 이런 경우, 각 언론사가 원하는 수준의 안성맞춤 사진을 제공해 줄 수 있다. 보도사진이 가장 주안점을 두는 것은 사람의 표정이다. 유명 정치인이나 연예인 등 뉴스를 몰고 다니는 인물의 이름을 포털에 적고, 사진을 보기 위해 '이미지' 항목을 검색해보라. 보도사진이 무엇인지 감을 잡을 수 있을 것이다. 전신을 앵글에 담으려 하지 않고, 현수막을 담으려 하지 않고, 표정을 담으려 노력한 흔적이 눈에 띌 것이다. 사람은 표정을 통해 희로애락을 표출한다. 보도사진은 그 희로애락을 담아내려 하고 있다는 사실을 알게 될 것이다.

홍보부서를 거치지 않고 실무부서에서 사진 자료를 직접 보내는 때가 더러 있다. 기자는 사전에 몇 번 당부한다. "사진은 제일 좋은 것으로 2장이나 3장만 주세요."라고 했을 것이다. 하지만 그 실무자는 자신이 찍은 사진 수십 장을 전송한다. 그나마 묶음 파일을 이용해 보냈다면 다행이다. 하나하나의 파일로, 그것도 화상도 높은 대용량 사진을 메일로 전송한다. 그의 의도는 선하다. 그는 '많이 보내면 그중 좋은 것을 기자가 선택해 사용하겠지.'라고 생각한다. 기자의 마감시간이 얼마나 바쁜지 그는 알지 못한다. 기자가 작은 용량의 노트북으로 업무를 처리한다는 사실을 그는 의식하지 못한다. 받는 기자의 사정은 외면한 채 보내는 자신 생각만 하는 순진한 이들이 대부분이다.

홍보 전담부서는 이런 사정을 잘 알기에 사진을 엄선해서 꼭 필요한 사진으로 1~2장, 많으면 2~3장을 보낸다. 하지만 평소 언론에 대한 이해가 부족한 이들은 사진을 받을 기자의 사정은 전혀 고려하지 않고 자신의 욕심껏 많은 양의 사진을 전송한다. 이들은 보도자료나 참고자료를 보낼 때도 많이 보내면 그 중 필요한 자료를 선택해 사용할 것으로 생각한다. 노트북 컴퓨터로 파일 용량이 큰 사진을 일일이 열어보고 내려받는 일이 얼마나 고역인지 그들은 알지 못한다. 마감시간에 기자가 얼마나 많은 자료를 동시에 받는지 전혀 고려하지 않는다. 거듭 강조하건대 사진은 적당한 용량으로 3장 이내로 보내야 한다. 다른 자료도 마찬가지다.

36
Ctrl+c, Ctrl+v의 저주

무엇을 우선순위에 둘 것인가

기관·기업이 보내는 보도자료를 받아보면 매년 비슷한 내용이 계절마다 조금씩 바뀌어 배포됨을 알게 된다. 그 이유는 간단하다. 매년 비슷한 시기에 비슷한 행사나 정책을 시행하니까 그때마다 이전의 보도자료 파일을 꺼내 날짜를 비롯한 몇몇 숫자만 바꿔 그대로 발송하기 때문이다. 전년 보도자료라고 해서 누군가 새롭게 만든 것은 아니다. 그도 역시 그 전년도 자료에 숫자를 살짝 바꿔 만든 것이다. 그렇지 않다면 그 어디선가 이전에 기관 내에서 돌고 돌던 자료를 살짝 바꿔서 고친 것이다. 기자의 눈으로 볼 때 그 자료 대부분은 보도자료로서 형식과 내용을 제대로 갖추지 못했다. 스트레이트라고 하는 문장의 형식에 맞지 않고 내면이 아닌 표면적 접근을 한 사례가 그만큼 많기 때문이다.

어느 기관의 경우, 나름 스트레이트에 가깝게 자료를 제대로 만들어 발송하기도 한다. 이는 한번 제대로 만든 보도자료가 반복 카피되는 선순환

구조가 구축됐기 때문이다. 제대로 된 형식과 내용을 갖춘 충실한 보도자료가 발송되다가 갑자기 구태의연한 보도자료로 변형돼 전송되는 사례도 있다. 이는 십중팔구 팀장이나 과장 등 결재 라인을 거치는 동안 내용이 수정된 것으로 보면 된다. 그렇게 잘못 고쳐진 자료가 한번 발송되면 이후 계속해서 잘못된 보도자료가 카피돼 발송된다. 주민 위주가 아닌 기관장 위주로 보도자료를 써야 한다는 결재권자의 생각이 어렵게 한 발 앞으로 나간 우량 보도자료를 다시 뒷걸음질치게 한 것이다.

대부분 공무원은 업무를 추진하는 과정에서 보도자료에 우선순위를 두지 않는다. 공무원이 가장 염두에 두는 것은 개막식, 개관식, 보고회, 토론회 등 눈앞에서 전개되는 행사이다. 행사를 치르면서 기관장과 정치인을 비롯해 소위 귀빈이라고 칭하는 이들의 참석 여부에 가장 주목한다. 그다음 신경 쓰는 것은 주민의 참여다. 행사장에 최대한 많은 주민 또는 관계자가 참석해 자리를 가득 메워야 한다고 생각한다. 주민 참여가 어려우면 직원이라도 동원해서 자리를 가득 메우는 데 주력한다. 그다음 주목하는 것은 행사 진행이다. 사회자 선정에 많은 신경을 쓰고 그 외 행사에 출연하는 공연팀 선정에 신경을 집중한다. 홍보는 그다음 순위 정도로 밀려나 있다.

보도자료가 개선되지 않는 이유

이렇듯 단정적으로 순서를 정해 이야기하는 것은 보도자료를 받아보면 작성자의 마음이 그대로 드러나기 때문이다. 실제로 기관에서 보내오는 자료 대부분은 행사 내용이 많다. 정책의 본질을 발굴하기보다는 행사를 스케치해서 보낸다. 행사는 정책을 진행하면서 거치는 하나의 요식행위에 불과한데 행사에 맞춰 보도자료가 발송된다. 그러고는 유력인사 중 누가 참석했는지를 가장 앞줄에 넣는다. 주민 몇 명이 참석해 행사를 진행했는지를 자료에 담으려 노력하고 사진도 전체 행사의 규모가 드러나게 찍어 보낸다. 시간 순서대로 축사, 격려사, 공연, 테이프 커팅이나 제막 행사 등 눈에 보이는 행사장면을 담아 보내는 경우가 허다하다.

이는 저널리즘이 머릿속에 박혀 있지 않기 때문이다. 기자가 아닌데 저널리즘이 각인돼 있을 리 만무하다. 저널리즘이란 별것 아니다. 표면적으로 드러나는 것에 주목하지 않고 이면에 감춰진 본질을 찾아내는 안목이다. 기자는 어딜 가서 무슨 일을 접하든 내면에 감춰진 본질을 찾으려고 노력한다. 그렇게 훈련이 돼 있다. 그러니 본질은 뒷전인 채 눈에 보이는 행사 진행 순서만 나열해서 보내는 보도자료가 기자의 눈에 차지 않는 것은 당연하다. 그런 보도자료가 매년 개선되지 않고 날아온다. 지친 기자는 그걸 일일이 고치지 못하고 그대로 기사로 작성한다. 가끔은 시간 여유가 있을 때 보충 취재를 하기도 하고, 기사체에 맞게 제대로 작성하기도 하지만 모든 기사를 매일 그렇게 고칠 여력이 없다. 그러니 그냥 그대로 또는 몇 글자만 고쳐서 기사로 작성한다. 이 같은 악순환을 'Ctrl+c, Ctrl+v의 저주'라고 표현할 수 있다.

한번 잘못 작성한 보도자료는 매년 숫자만 바뀌어 언론에 뿌려진다. 매년 반복되는 행사 외에 새로운 정책이 마련될 때도 이전 자료에 숫자만 바꿔 발송하는 잘못된 보도자료가 배포된다. 잘못된 보도자료가 매년 문서

복사를 통해 반복되는 악순환의 고리를 끊어줄 필요가 있다. 조직원 전체를 대상으로 하는 저널리즘을 이해시키는 교육을 통해 보도자료의 틀을 바꿔주어야 한다. 그런데 여기서도 문제는 존재한다. 기관이 전·현직 기자를 초청해 직원교육을 하는 경우가 더러 있는데 중간간부 이상은 거의 참여하지 않는다. 그들이 멀쩡한 보도자료를 자꾸 고쳐서 퇴보시키는 장본인이지만 그들이 교육에 참여하지 않으니 기관의 보도자료가 수십 년째 바뀌지 않는 것이다.

37 차라리 기자의 문장을 베껴라

기관 위주로 생각하는 공무원

그럼 저널리즘의 시각으로 작성된 보도자료란 무엇인지 예를 들어보겠다. 어느 지자체가 공공도서관을 개장했다고 가정하자. 당연히 개관에 맞춰 보도자료를 발송해 주민에게 개관 사실을 알리려 할 것이다. 대단히 중요한 의미가 있는 일이고 그만큼 주민의 관심도 많다. 그러나 기관이 발송하는 보도자료는 대개 주민이 그 도서관에 대해 궁금한 바를 해결해주지 못한다. 왜냐하면, 주민의 궁금증과는 다른 내용으로 가득한 자료를 작성해 언론에 배포하기 때문이다. 자료를 작성해 배포하는 시점부터 차이는 발생한다. 주민은 개관식이 언제인지 별 관심이 없다. 실제 문을 열고 내가 이용할 수 있는 날이 언제인지가 궁금할 뿐이다. 하지만 보도자료는 개관식에 맞춰 배포된다. 사전에 개관했더라도 그건 별로 중요하지 않다. 공무원은 행사가 중요하다고 생각하기 때문이다.

주민은 도서관이 개관하면 대략 이런 점들이 궁금하다. 자세한 위치가 어디인지, 정기 휴무는 무슨 요일이고 평일에는 몇 시에 개관하고 몇 시에 폐관하는지, 장서는 몇 권이나 있는지, 대출은 몇 권까지 가능한지, 도서관 내에 매점이나 식당은 설치되었는지, 대중교통편은 어떻게 이용해야 하는지, 도서 대출을 위한 회원카드를 만들려면 어떤 절차를 진행해야 하는지, 이동도서 전시실이 따로 마련돼 있는지 등등. 그러나 보도자료는 그런 주민의 궁금증을 속 시원히 풀어주지 못한다. 언제 개관식을 했고, 개관식에 기관장과 정치인 누가 참석했는지, 개관식 축하 공연은 누굴 초청해 어떤 프로그램으로 진행했는지, 이 도서관을 만들기 위해 시비와 구비가 얼마씩 투입됐는지, 몇 년 몇 월에 착공해 완공까지 얼마나 걸렸는지, 사업비 확보를 위해 기관이 어떤 노력을 했는지 등을 자료에 담아 배포한다.

자신의 관점으로 생각하는 주민

위의 사례는 저널리즘과 관료주의의 상충을 보여준다. 관료주의는 기관 위주로 생각하고 기관 위주로 의미를 부여하는 사고방식이다. 반면 저널리즘은 어떤 일이 발생했을 경우, 그로 인한 사회적 파장이 무엇인지 또는 주민에게 돌아가는 이익과 불이익이 무엇인지를 판단해 그것을 분석적으로 평가하는 사고방식이다. 그러니 저널리즘이란 게 별스러운 것은 아니다. 생각의 방향만 조금 바꿔주면 된다. 그러나 공직사회에서 그게 말처럼 쉽게 안 된다. 매사 서열을 따지는 수직적 사고와 기관장 중심 사고가 뼛속까지 스며있기 때문이다. 주민이 중심이 돼야 한다고 입으로는 떠들고 있지만 실상 그렇지 않다. 수직적이지 않고, 기관장이 중심에서 벗어나 있으면 공무원은 그 상황이 불편해서 견디지 못한다.

과거의 보도자료를 베껴 쓰는 것이 잘못됐다고 지적한 것은 바로 이 점 때문이다. 주민이 궁금한 게 무언지 전혀 고려하지 않고, 제공자 중심의 시각에서 자료를 작성한다. 도서관을 짓는데 국회의원, 또는 시장이나 군수, 구청장이 국회와 정부 부처를 찾아다니며 국비 확보를 위해 노력한 사실을 잘 알고 있는 공무원은 보도자료를 통해 그 점을 부각하고 싶어 한다. 하지만 주민은 그런 사실에 별 관심이 없다. 국비 확보를 위해 국회와 부처를 찾아다니는 것은 국회의원이나 자치단체장의 지극히 당연한 업무라고만 생각한다. 주민은 내가 사는 동네에 도서관이 생기면 내 생활이 얼마나 편리해지고 내게 얼마나 도움이 될 것인가만 관심을 둔다. 어차피 내가 낸 세금으로 이루어진 일이니 나는 당연히 누릴 권리가 있다고 생각한다.

롤모델은 기자가 쓴 글이다

이토록 큰 시각의 차이가 있는데도 불구하고 방점이 잘못 찍힌 보도자료는 전국의 모든 기관에서 매년 끊임없이 반복되고 있다. 그렇다면 이토록 근본부터 잘못된 보도자료가 반복되는 악순환을 끊는 방법은 무엇일까? 여기서는 대략 두 가지를 제안하고 싶다. 첫째는 보도자료를 작성할 때, 기관 내에서 이전에 작성해 발표한 자료를 참고하거나 카피의 대상으로 삼지 말고, 저널리즘적 사고로 기자가 작성해 이미 언론에 보도한 유사한 상황의 기사를 참고해 보도자료를 작성하는 방법이다. 시각 자체가 잘못된 자료로 Ctrl+c, Ctrl+v를 무한 반복해 봐야 달라지는 게 없다. 참고할 대상을 기자가 쓴 기사로 바꾸면 된다. 이때도 기사를 제대로 잘 쓰는 능력 있는 기자가 제대로 작성한 기사를 찾아 모범답안으로 삼아야 한다.

다른 한 가지 방법은 공무원이 저널리즘에 눈뜨게 전·현직 기자가 진행하는 교육 기회를 마련해 주는 것이다. 단 결재권자인 팀장급 이상도 함께 교육에 참석해야 한다. 그렇지 않다면 업무담당자 교육과 결재권자 교육을 별도로 시행해야 한다. 실무자가 아무리 저널리즘에 근간한 자료를 만들어도 결재권자가 관료주의적 시각으로 회귀하면 아무 소용이 없다. 기관별로 홍보특강을 마련해 홍보 마인드교육을 하면 조금씩 달라질 것이다. 다만 마인드교육만 반복한다면 교육받는 순간에는 고개를 끄덕이겠지만 막상 교육을 마치고 제자리로 돌아가면 다시 원상태가 될 것이다. 마인드교육과 함께 실전교육이 필요하다. 실제 자료를 직접 작성해보는 교육을 한다면 효과는 확연히 달라질 것이다.

기자가 작성한 글을 참고하여 자료를 만들 때도 주의해야 할 부분이 있다. 기자가 작성해 언론에 보도된 기사도 제대로 저널리즘이 반영되지 않은 때가 있다. 두 가지 이유이다. 첫째는 기자가 시간이 부족해서 또는 귀찮아서 기관이 보내온 보도자료를 손보지 않고 그대로 언론에 실은 경우이다. 이 자료는 기관이 기관의 관점으로 작성한 자료와 별반 다를 것이 없다. 그러니 참고해도 아무 소용이 없다. 또 하나는 제대로 저널리즘적 사고를 하지 못하는 기자가 작성한 기사인 경우이다. 앞선 장에서도 설명했듯이 현장기자 가운데 실제로 기사 작성 능력이 없는 무늬만 기자인 자들이 의외로 많다. 제대로 교육을 받았을 리 없고, 기사작성 능력 자체가 없는 가짜기자 역시 기관이 주는 보도자료를 여과 없이 그대로 기사로 올린다. 그러니 그런 기사를 참고할 이유는 없다.

Bad 잘못된 보도자료

금강시립 제2도서관 개관

1일 각계인사 참여 속 개관식 열려

금강시립 제2도서관이 2년 간의 공사를 끝내고 낙동동 구 농협시지부 자리에 준공됐다.

금강시는 1일 백두산 금강시장, 한라산 금강시의회의장, 지리산교육장 등 주요 인사와 주민 200여 명이 참석한 가운데 개관식을 하고 시설을 주민에게 개방했다.

연면적 4250㎡의 지하 1층, 지상 3층의 철근콘크리트 건물인 신축 도서관은 장서 1만 권을 갖췄으며, 일반열람실 2실, 어린이 전용열람실 1실과 정기간행물실을 갖췄다.

또한, 주민 정보화교육관을 갖춰 동시에 60명이 컴퓨터 교육을 받을 수 있는 여건을 갖췄다.

지하에는 100석 규모의 소공연장 시설을 갖춰 주민들의 문화 여가 활동에도 도움이 될 전망이다.

백두산 금강시장은 "동부지역에 제1시립도서관에 이어 서부지역에 제2시립도서관이 문을 열어 양 지역 간 문화와 정보, 교육격차 해소에 기여할 것으로 본다"며 "시는 앞으로도 시민이 체감할 수 있는 교육 및 문화인프라 확충에 최선을 다할 것"이라고 말했다.

Good 올바른 보도자료

금강시민 동서간 문화·교육격차 해소 '성큼'

서부지역 낙동동에 제2시립도서관 개관

금강시의 오랜 과제였던 제2시립도서관이 준공돼 동부지역과 서부지역의 문화 및 교육격차가 상당 부분 해소될 것이란 기대감이 커지고 있다.

제2시립도서관이 착공 2년 만에 준공돼 1일 개관식과 함께 주민들에게 개방됐다.

금강시에는 동부인 영산동에 1개의 시립도서관만 운영돼 서부지역 주민들을 위한 제2시립도서관의 건립 필요성이 꾸준히 제기됐다. 시는 서부지역에 제2시립도서관의 설립을 역점사업으로 추진한 결과, 이번에 건립의 성과를 거두게 됐다.

도서관은 600석의 부스형 좌석을 갖춘 열람실 2실을 비롯해 어린이 전용열람실, 정기간행물실, 정보화교육실 등을 두루 갖췄다.

장서는 1만 권으로 시는 앞으로 지속적인 도서 구매를 통해 장서 규모를 2만 권 이상으로 늘려나갈 계획이다.

도서관은 매주 월요일 휴관하며, 시민은 누구나 회원 가입을 하면 도서 대출이 가능하다. 도서 대출 기간은 7일로 2회까지 연장할 수 있으며 휴관일에도 자동도서반납기를 통해 반납할 수 있다.

시는 도서관 이용수칙과 교육 및 공연 일정, 휴관일 등을 홈페이지를 통해 자세히 안내할 예정이다. 도서관 일반전화(071-300-1234)를 통해서도 자세한 안내를 받을 수 있다.

38
수치와 숫자를 좋아하는 언론

가늠이 가능한 수치와 불가능한 수치

TV 뉴스를 시청하다 보면 앵커나 기자가 어떤 수치를 표현할 때 '여의도 면적의 몇 배', '축구장 면적의 몇 배', '건물 몇 층에 해당하는 높이', '서울과 부산을 몇 번 왕복할 수 있는 거리', '50m×8레인 국제공인 수영장 몇 개를 채울 수 있는 양', '몇 명의 사람이 한 번에 흡입할 수 있는 양' 등으로 전하는 것을 접했을 것이다. 방송뿐 아니라 신문이나 기타 언론도 사정은 비슷하다. 일반적으로 사람이 가늠할 수 있는 단위 즉, 30㎝, 100m, 4㎞, 1㎡나 1㎥ 등은 별문제가 안 된다. 하지만 450만ha, 4700만㎞, 50만㎘ 등 숫자가 커지면 대부분은 머릿속에서 개념이 자취를 감추게 된다. 인지 능력 밖의 숫자가 되었기 때문이다. 특정 분야 종사자가 아니라면 이런 수치를 가늠하기 어렵다.

하지만 위에서 제시한 대로 여의도 면적(2.9㎢)의 몇 배라고 하면 그나마 대략 짐작할 수 있게 된다. 한국 사람이 웬만하면 여의도를 한 번쯤 가봤을 것이라는 전제로 설명하는 것이다. 서울과 부산의 거리가 대략 400㎞쯤 된다는 사실도 대한민국 국민은 대개 알고 있다. 그래서 서울과 부산을 몇 번 왕복할 수 있는 거리로 표현하면 어림짐작할 수 있다. 더 긴 길이를 나타낼 때는 지구를 몇 바퀴 도는 것과 같은 거리 등으로 표현한다. 이렇게 표현하면 한결 실감이 난다. 산불이 난 면적을 몇 ㎡라고 하는 것보다 축구장 면적의 몇 배 크기라고 하면 훨씬 쉽게 이해할 수 있다. 부피를 설명할 때도 수영장을 가득 채운 물의 몇 배 등으로 설명한다. 언론은 구체적 숫자보다는 이처럼 뉴스 수요자들이 짐작하기 좋은 방법으로 길이, 면적, 거리, 부피, 질량 등을 표현한다.

뉴스의 가치를 높이는 '최고'

기관이나 기업이 자료를 제공할 때도 마찬가지이다. 기관이나 기업이 제공하는 자료의 1차 소비자인 기자나 2차 소비자인 주민이 쉽게 이해할 수 있게끔 수치를 삽입하면 한결 이해를 도울 수 있다. 숫자로 제시했을 때 바로 이해할 수 있는 사안이라면 숫자를 잘 활용해야 하는 것은 두말할 나위 없다. 뉴스의 특징 중 하나는 최초, 최고, 최대, 최장, 최저, 최단 등과 같이 뭔가 의미가 있는 수치를 무척 중요시한다는 점이다. 실제로 그런 수치는 뉴스로서 충분한 가치가 있다. 그러니 자료를 만들 때 그 자료가 어느 분야에서 최초인지, 최고인지, 최대인지 등을 생각해봐야 한다. 그런 수식어가 붙는 순간 뉴스의 가치는 단번에 상승한다. '최고'라는 수식어가 붙는 기록은 언론의 주목을 받을 수 있는 좋은 자료가 된다.

출산이 절벽인 한 지자체가 '24년 만에 아기 울음소리'라는 보도자료를 발표해 전국적 이슈 몰이를 했던 기억이 난다. 시골 마을에 아주 오랜만에 신생아가 출생해 온 마을이 축제 분위기에 휩싸였다는 기사이다. 군수가 직접 출산장려금을 들고 격려하러 와 마을 주민들과 기쁨을 함께하는 희망을 암시하기에 충분했다. 비수도권 시·군은 거의 인구가 급감하고 출산율이 곤두박질치고 있다. 그러니 지역의 인구 관련 뉴스는 늘 절망적이고 '밑 빠진 독에 물 붓기'라는 인상을 준다. 하지만 수치를 활용한 시기적절한 뉴스가 전국의 이목을 집중시켰다. 기발한 아이디어로 시기적절하게 배포된 보도자료는 상상을 초월하는 홍보 효과를 거두었다.

1년, 10년, 100년, 100일, 10주년 등도 언론이 주목하는 의미 있는 수치이다. 예를 들어 한 지자체가 지역 출신의 역사 인물을 발굴해 탄생 500주년이나 서거 300주년 등의 의미를 부여하면 언론의 집중도는 높아진다. 사안이 작으면 의미 있는 수치인데도 넋 놓고 있다가 놓치는 사례가 의외로 많다. 찾아보면 의미를 부여할 만한 수치는 참으로 많다. 꼼꼼히 점검해 의미 있는 수치를 발굴해내면 의외의 효과를 거둘 수 있다. 한국인들은 다른 어떤 숫자보다 '3'을 좋아한다. '3'이란 숫자는 누구나 쉽게 기억하기 좋은 한계이기도 하다. 백두시의 3대 정책, 한라군의 3대 특산물, 설악구가 살기 좋은 3가지 이유 등으로 홍보하면 의외의 효과가 있을 수 있다. 숫자 '5'와 '10'도 홍보력 극대화에 도움이 되는 수이지만 '3'과 비교할 수는 없다.

39 웬만하면 단문으로

글 잘 쓰는 이들의 비결

글을 잘 쓴다는 말을 듣는 이들이 있다. 이들은 무슨 글을 쓰더라도 읽어보면 머리에 쏙쏙 들어오게 쓴다고 칭찬을 받는다. 참 부러운 이들이다. 그들은 글을 간결하게 쓴다는 공통점이 있다. 즉 마침표를 아주 자주 찍는다. 문장이 길면 가다가 엉켜 뒤죽박죽되기에 십상이다. 글을 간결하게 쓰면 엉킬 이유가 없다. 쓰는 이가 편하고 읽는 이가 편한 글쓰기가 바로 짧게 쓰는 것이다. 자신이 쓴 글을 읽어보면 잘 쓴 글인지 그렇지 못한 글인지 금세 알 수 있다. 아주 간단한 자가진단법은 '내가 과연 글을 짧게 쓰고 있는지'를 확인하는 것이다. 만약 길게 썼다면 끊어서 마침표를 찍을 수 있는 곳을 찾아보고 문장을 나눠보라. 문장을 나누어서 짧은 글이 되게 고치고 다시 읽어보면 한결 나은 문장이 돼 있을 것이다.

간결하게 쓰려면 중문과 복문을 피해 단문으로 써야 한다. 중문은 두 개 이상의 단문이 접속사로 연결돼 하나의 문장처럼 쓰인 글이다. 주어+술어

구조의 문장이 접속사로 연결돼 하나의 문장에 주어와 술어가 복수로 존재하는 것이다. 이런 문장은 두 개의 문장으로 나누어 쓰면 한결 읽기가 편해진다. 물론 쓰기도 편해진다. 복문은 주어+술어의 형태인 하나의 문장이 수식어 형태로 사용된 것이다. 이때도 문장을 마침표로 나누어 두 개로 만들면 한결 쉬운 글이 된다. 중학교 영어 교과서는 단어만 잘 알면 해석이 쉽지만, 고등학교 영어 교과서는 단어를 알아도 좀처럼 해석이 안 된다. 마침표를 찾아보면 몇 줄의 문장이 지나야 비로소 보인다. 그래서 해석이 어렵다. 끊어만 주면 금세 이해할 수 있는 문장이 된다. 실상 그렇게 길게 쓸 이유가 없다.

짧을수록 잘 쓰는 글

기사나 보도자료는 철저하게 짧게 써야 한다. 가능하면 중문이나 복문을 피해 단문으로 써야 한다. 그렇게만 써도 누구나 이해하기 쉬운 문장이 된다. 굳이 길게 써서 쓰는 사람도 어렵고 읽는 사람도 어렵게 할 필요가 없다. 만약 자신이 쓴 글을 읽어보았는데 마침표가 적고 하나의 문장이 몇 줄씩 이어진다면 글 쓰는 방식을 바꿀 필요가 있다. 글을 쓰는 것은 내가 가진 생각을 누군가에게 전달하는 데 목적을 둔다. 굳이 어렵게 써서 상대가 이해하기 어렵다면 그 글은 잘 쓴 글이 아니다. 특히 기사문은 읽으면서 바로 이해하게 써야 한다. 중학생 정도가 읽으면 바로 이해하게 써야 한다. 짧은 문장으로 쓸 수 있다는 것은, 글쓰기가 숙련됐음을 의미한다. 즉, 잘 쓰는 사람일수록 짧게 쓰고 그렇지 못한 사람이 늘어지게 쓴다.

또 한 가지 글 잘 쓰는 법을 소개한다면, 불필요한 수식어를 과감히 없애는 것이다. 수식어가 꼭 필요할 때도 있지만 대개는 그렇지 않다. 감정에 호소하는 글, 즉 문학 분야 글쓰기는 수식어가 필요한 때가 많다. 시나 수필, 소설 등을 읽어보면 풍부한 수식어가 글맛을 살려주는 사례를 많이 본다. 하지만 이성에 호소하는 글, 즉 비문학 분야인 설득의 글은 수식어를 쓸수록 글이 간결하지 못하고 비논리적인 느낌을 준다. 논리의 전개는 명료하게 진행돼야 하므로 수식어 없이 속도감 있게 쓰는 것이 좋다. 기사는 다른 어떤 글보다 논리적으로 쓴다. 그러니 수식어를 최대한 자제해야 한다. 보도자료를 살펴보면 수식어가 의외로 많다. 꼭 필요한 수식어가 아니라면 안 쓰는 것이 맞다.

이유는 없다. 쉽게

또 한 가지는 어려운 낱말이나 전문용어를 자제하고 누구나 이해하기 쉬운 용어를 사용해 문장을 작성하라는 점이다. 행정용어나 기업용어를 비롯해 분야별 전문용어를 사용하지 말아야 한다. 해당 분야 종사자들에게 아주 평이한 용어라도 타 분야 종사자나 그 밖의 일반인들에게 선뜻 이해가 안 되는 특수용어는 아주 많다. 전문용어나 특수용어는 일반인이 알아듣기 쉬운 용어로 풀어주어야 한다. 보도문의 경우 특히 그러하다. 달리 표현할 길이 없는 아주 특별한 때는 어쩔 수 없이 전문용어나 특수용어를 쓰게 되는데 이때는 반드시 별도의 용어해설을 첨부해 주어야 한다. 상대의 눈높이에 맞게 글을 쓰는 것도 능력이다. 아이와 대화할 때 아이의 용

Bad 잘못된 보도자료

추석맞이 불우이웃 시설 위로 방문

송편, 과일 등 음식 전달

넉넉하고 풍성한 민족 최대명절 추석을 맞아 백두산 한강구청장과 한강구 임직원들이 1일 관내 시회복지시설을 방문해 시설 거주 이웃들이 추석을 보내는 데 소외감을 느끼지 않고, 더불어 살아가는 사회의 훈훈함을 느끼게 하려고 송편과 과일 등 추석 선물을 제공하였다.

한강구청은 매년 새해가 시작되는 설날과 수확의 계절인 추석을 맞아 직원들이 평소 한강구민사랑카드를 사용하여 적립한 카드 포인트를 이용해 소외된 이웃에게 용기와 희망을 안길 목적으로 음식물과 의류 등 다채로운 선물을 준비하여 전달하고 있다.

한강구 관내에는 모두 4곳의 청소년복지시설, 6곳의 장애인복지시설, 5곳의 노인복지시설과 10곳의 종합복지시설이 운영 중으로 한강구는 시설 거주 이웃들이 소외감을 느끼지 않으며 살 수 있도록 사회단체의 기부를 적극적으로 추진하는 한편 각종 시책을 마련해 시행하고 있다.

한강구는 관내 복지시설에 대한 위문품 전달에 이어 2일부터는 독립유공자, 한국전 참전용사 등의 가정도 차례로 순방하며 국가를 위해 헌신한 그들의 숭고한 뜻을 기리기 위해 역시 송편과 과일 등 음식 선물을 제공할 예정이다.

백두산 한강구청장은 "민족 최대명절인 추석을 맞아 관내 불우한 이웃들에게 약소하지만 음식을 전달하여 그분들이 기쁜 마음으로 추석을 쇨 수 있도록 했다"며 "매년 카드 포인트 누적금액을 불우이웃을 위해 희사해주는 구청 공무원들에게 감사드린다"고 말했다.

Good 올바른 보도자료

"추석, 함께라서 외롭지 않아요"

한강구 소외이웃과 명절음식 준비… 전달 아닌 함께 만들기

"과일하고 떡 상자 갖고 와서 사진만 찍고 가면 좀 서운한데, 이렇게 3~4시간 함께 음식 만들며 얘기 나누고 가니 너무 좋아."

한강구 관내 A 노인복지시설 임종례 할머니(83·가명)는 구청 직원들이 시설을 방문해 함께 음식을 만들고 이야기를 나누다 간 것이 여간 고맙지 않다며 눈시울을 붉혔다.

한강구는 지난해부터 기관 내 1실·과가 관내 1시설과 자매결연을 하여 수시 방문하며 정을 나누고 있다.

직원들은 한강사랑카드를 사용하며 적립한 포인트로 기금을 마련해 시설을 방문할 때 선물을 준비하고 있다.

자매결연을 시행한 지 3년이 넘어가면서 친숙도가 무르익어 직원들의 방문 횟수가 점차 잦아지고 있다.

특히 이번 추석에는 공무원 중 일부가 가족을 동반해 시설을 찾아가 함께 봉사하는 시간을 가져 시설 거주 이웃들에게 더 큰 즐거움을 안겼다.

신입 공무원 김인기(29·주민자치과) 씨는 "개인적으로 복지시설을 방문하기가 어려운데 직원들과 함께 방문해 어르신들과 이야기도 나누고 음식을 함께 만드니 뿌듯하고 흐뭇하다"며 "앞으로 계속 방문 횟수를 늘리고 싶고, 훗날 결혼하고도 가족과 함께 계속 방문하고 싶다"고 마음을 전했다.

어를 써가며 아이 수준에서 이야기해야 하듯 일반 대중을 상대로 글을 쓸 때도 대중의 평균적 수준에 맞게 글을 쓰는 게 능력이다.

특수 분야를 다루는 공공연구소나 기업연구소 등이 보도자료를 발표할 때 간혹 어려운 용어를 사용하는 사례가 있다. 법조계도 비슷한 사례가 있다. 대중을 이해시키고, 대중에게 정보를 줄 목적으로 쓰는 글은 쉽게 써야 한다. 보도자료를 발송하는 기관 중 일부는 '전문용어를 사용해서 보도자료를 작성하더라도 기자가 중간에 일반 용어로 쉽게 풀어서 기사를 작성할 것'이라고 생각하는 사례가 있다. 하지만 기자도 일반 대중과 다를 것이 없다. 그러니 기자를 믿고, 알아서 쉽게 써주기를 바라며 자료를 대충 작성해서 발송하면 안 된다. 기자는 자신이 이해하지 못하는 자료를 굳이 매체에 올리려고 노력하지 않는다. 그러니 보도자료가 기사화되게 하려면 기자도 이해할 수 있는 수준으로 아주 쉽게 써야 한다.

40
통신사 100% 활용하기

도매상에서 도소매상으로

언론에 대해 별도의 상식이 없는 이들은 통신사라 하면 SK, KT, LG 등 유무선 전화나 인터넷망을 공급하는 통신업체를 우선 떠올린다. 하지만 언론이나 홍보 관련 업무를 담당하는 이들은 통신사라 할 때 당연히 뉴스통신사를 떠올린다. 뉴스통신사는 대표 격인 '연합뉴스'를 비롯해 후발주자인 '뉴시스'와 '뉴스원' 등이 있다. 이들은 언론사에 뉴스를 공급하는 언론이다. 흔히들 통신사를 지칭할 때 뉴스도매상이란 표현을 많이 쓴다. 통신사를 뉴스도매상이라고 하는 표현은 매우 적절하다. 대중이 뉴스의 최종 소비자면 언론사는 뉴스의 소매상이라 할 수 있고, 언론사에 뉴스를 공급해주는 통신사는 뉴스도매상이라 표현하는 게 적절하다. 물론 언론사가 통신사에서 공급받는 뉴스를 직접 대중에게 공급하는 건수는 소수에 그친다. 대부분 언론사는 자사 기자가 직접 생산하는 뉴스를 대중에 공급한다.

통신사는 세계 각국 주요 도시에 설치된 타 통신사와 뉴스를 공유한다.

개별 언론사가 특파원을 파견해 직접 현지에서 기사를 생산하는 형태가 아니라면 모든 국제뉴스는 통신사를 통해 공급받는 뉴스로 보면 된다. 역으로 생각하면 통신사가 작성해 매체에 올리는 뉴스는 전국은 물론 전 세계에 타전된다고 생각하면 된다. 통신사가 기사를 작성해 온라인에 올리는 순간 전국은 물론 전 세계 언론사가 그 뉴스를 보게 된다. 그러니 파급력은 실로 어마어마하다고 할 수 있다. 요즘은 인터넷이 일반화되면서 통신사도 인터넷 홈페이지를 운영하고, 스마트폰용 애플리케이션을 운영하니 대중도 통신사뉴스를 접할 수 있다. 이전에는 일정 이용료를 내는 언론사만 이용할 수 있었다.

뉴스의 길라잡이 활용

신문이나 방송을 매개로 하는 언론사는 특정 시간에만 뉴스를 생산하는 구조를 갖는다. 그래서 기자의 마감시간이 따로 정해져 있고, 그 시간대에 집중적으로 기사 작성을 한다. 하지만 통신사는 뉴스가 생산되면 그 즉시 기사를 작성해 온라인에 올리는 것을 원칙으로 한다. 사건이 발생하면 통신사가 가장 먼저 뉴스를 작성해 공개하는 구조이다. 그러다 보니 각 매체기자는 자신이 기사를 작성하기에 앞서 통신사기자가 어떤 관점에서 기사를 썼는지 참고한다. 통신사기자가 제시하는 기사의 관점은 각 매체 기자에게 적지 않은 영향을 준다. 통신사가 비중 있게 뉴스를 다루면 각 매체도 그 뉴스를 눈여겨보지만, 통신사가 싣지 않은 기사는 소홀하게 다룬다.

그러니 기관·기업은 작성한 보도자료가 많은 매체에서 비중 있는 뉴스로 다뤄지기를 바랄 때 통신사를 적절히 활용하면 의외로 좋은 성과를 낼 수 있다. 홍보업무 초보자는 통신사의 위력을 잘 알지 못한다. 일정 시간이 지나고 여러 가지 경험을 한 뒤에야 통신사의 역할을 제대로 인지한다. 통신사의 역할에 대해 정확히 알고 선제적으로 대응하면 의외의 성과를 낼 수 있다. 통신사는 신문사나 방송사와 비교해 기자 인원이 적다. 그래서 한 명의 기자가 여러 기관이나 기업을 담당하는 경우가 많다. 한 기자가 많은 기관이나 기업을 담당한다는 것은 그만큼 접촉 기회가 촘촘하지 못함을 의미한다. 접촉 기회가 적은 만큼 유대감이 긴밀해지기 쉽지 않다. 그래서 홍보부서 담당자가 통신사기자를 소홀히 여기는 경우가 많다. 그것은 전략적이지 못하다.

통신사기자와 긴밀하게 연락하고 그들과 접촉할 기회를 많이 얻어야 한다. 기관·기업은 역점을 두어 홍보하고자 하는 사항이 있으면 우선 통신사기자와 협의하는 것이 효과적이다. 통신사기자와 홍보 방향에 대해 의견을 교환하면 올바른 방향을 일러줄 것이다. 아울러 기사를 보다 신경 써서 좋은 방향으로 작성해줄 것이다. 그렇게 되면 타 매체 기자도 통신사기사를 참조해 비슷한 방향으로 기사를 이끌어 갈 것이다. 반대로 통신사기자가 어떤 정책을 제대로 이해하지 못해 부정적 기사를 작성했다면 이후에 그 기사를 참고한 다수의 기자가 통신사기자의 방향을 따라갈 수도 있다. 통신사기자가 정책기사의 방향을 어떻게 잡는지가 매우 중요하다. 홍보업무 담당자라면 이런 사실을 잘 활용해야 한다.

CHAPTER5

내가 알리고 싶은 것, 상대가 알고 싶은 것

41 대한민국 헌법이 보장하는 언론의 자유

진입 장벽이 무너진 언론

종이신문을 제작하는 신문사는 대규모 제작인력이 필요했고, 고가의 윤전기를 보유해야 했다. 또 지사, 지국, 보급소에 이르는 보급체계를 갖춰야 했다. 인터넷이 없던 시절 방대한 자료를 보유해야 하는 것도 신문사 진입장벽을 높이는 이유 중 하나였다. 자료사진만 해도 수천 장을 확보하고 있어야 했다. 분야별로 전문성 있는 기자를 확보해야 제대로 취재도 하고 기사를 쓸 수 있었다. 그러니 신문사를 설립하는 건 아무나 할 수 있는 일이 아니었다. 허가제였던 시절은 두말할 나위가 없고, 1987년 등록제로 바뀐 이후에도 소수만 새로운 신문을 창간할 수 있었다. 그만큼 진입 장벽이 높았다. 더불어 기자 되기도 쉽지 않았다.

인터넷신문이 등장하면서 언론환경은 크게 바뀌었다. 서버(server)만 확보하면 누구라도 소수의 인원을 모아 인터넷신문사를 설립할 수 있게 됐다. 과거 종이 기반의 신문사를 설립할 때처럼 큰 자본이 필요하지도 않았다. 그래서 엄청나게 많은 인터넷신문이 우후죽순처럼 창간되기 시작했다. 인터넷신문은 2000년대 이르러는 대폭 증가하였고, 2010년대 이후에는 기하급수적으로 늘었다. 언론매체가 급팽창하면서 부작용도 많았다. 취재력도 없고 집필 능력도 없으면서 기자로 행세하는 이들의 수가 점차 늘었고, 사이비기자의 패악질도 심화되었다. 언론공해라는 말이 공공연히 사용되었고, 사이비기자의 횡포가 사회문제로 대두되기 시작했다.

실패한 부실언론 퇴출

박근혜 정부는 급기야 2015년 신문법 시행령을 개정해 사이비언론의 난립을 막아내고자 했다. 법률이 아닌 시행령이라서 그리 어렵지 않게 개정할 수 있었다. 문화체육관광부가 전면에 나서 시행령 개정을 추진한 가운데 2015년 11월 개정안이 국무회의를 통과했다. 개정된 시행령은 1년의 유예기간을 주고 모든 인터넷신문사가 일정 요건을 갖추게 했다. 그렇지 못하면 퇴출하는 것을 골자로 했다. 1년 안에 인터넷신문이 갖춰야 할 요건은 취재 및 편집 인력을 5명 이상 확보하는 것이었다. 4대 의무보험에 가입한 실제적 상근인력의 명세를 제출하도록 했다. 소수 인원으로 쉽게 언론을 만들어 함부로 기사를 쓰는 일을 막겠다는 확고한 의지의 표현이었다.

국민의 여론은 확연히 엇갈렸다. 사이비언론의 퇴출로 언론의 질적 성장을 도모하는 한편 사회적 폐해도 척결해야 한다는 여론과 함께 언론의 자유를 침해하는 구시대적 행태라는 비난도 비등했다. 당시 군소 인터넷 언론은 "기자가 5명이면 제대로 된 언론이고, 4명이면 사이비로 규정할 수 있느냐?"며 강력히 반발했다. 정부의 언론탄압이라고 맞섰다. 이들은 헌법재판소에 신문법 시행령에 대해 위헌심판을 제청했다. 2016년 10월 27일 헌법재판소는 개정된 시행령이 위헌이라고 판단했다. 9명의 헌법재판관 중 7명이 '언론의 자유'를 인정했다. 헌재는 "부실보도 매체는 독자로부터 외면받아 자연스럽게 퇴출당할 것"이라며 시장주의를 반영해 판결했다. 당시나 지금이나 사이비언론의 폐해가 큰 것은 맞지만 헌법에서 보장하고 있는 '언론의 자유', '표현의 자유'가 인정된 것은 다행스럽다.

헌법을 이기는 법은 없다

세상에 사이비언론은 넘쳐난다. 사이비기자도 넘쳐난다. 그들은 올바른 언론의 길에는 당최 관심이 없다. 언론을 통해 자신들의 위력을 과시하거나 부정한 방법으로 부당한 이익을 취하려 한다. 그런 부류가 많아지는 것은 사회적 차원에서 불행한 일이다. 그들이 생산하는 가짜뉴스는 사회를 무척이나 혼탁하게 만들고 언론에 대한 국민의 신뢰를 바닥으로 떨어뜨린다. 꼭 사이비가 아니더라도 능력 미달의 언론이 넘쳐나는 것 또한 사회적 폐해이다. 사정이 이렇다 보니 심정적으로는 국가권력으로 사이비언론을 일소해 주기를 바라는 마음이 한편 생기기도 한다. 하지만 헌법정신과 헌법의 가치를 생각하면 '언론의 자유'는 존중되는 것이 맞다. 어디까지가 정론이고 어디부터가 사이비라고 누구도 명확히 구분할 수 없다.

언론의 자유를 보장한 조문은 헌법 제21조이다. 제21조의 1항은 '모든 국민은 언론·출판의 자유와 집회·결사의 자유를 가진다.' 2항은 '언론·출판에 대한 허가나 검열과 집회·결사에 대한 허가는 인정되지 아니한다.' 3항은 '통신·방송의 시설기준과 신문의 기능을 보장하기 위하여 필요한 사항은 법률로 정한다.' 4항은 '언론·출판은 타인의 명예나 권리 또는 공중도덕이나 사회윤리를 침해하여서는 아니 된다. 언론·출판이 타인의 명예나 권리를 침해한 때에는 피해자는 이에 대한 피해의 배상을 청구할 수 있다.'로 각각 명시돼 있다. 대한민국은 헌법을 기본으로 하위 법률을 제정해 운영하는 법치주의 국가이다. 민주공화국이다. 어떠한 이유로든 헌법정신에 반하는 법률은 용인될 수 없다. 언론은 공공성을 갖지만 철저한 민간회사이다. 그러니 시장경제에 언론의 사활을 맡겨야 한다. 국가는 국민이 언론의 자유를 누리도록 보장해 주어야 한다.

42 기사, 선택과 집중이 가장 필요한 글

핵심을 골라내는 능력

기사는 한정된 시간에 작성되고, 한정된 지면이나 방송시간에 표출된다. 인터넷 매체는 기존의 신문이나 방송과 달리 시공간의 제약이 덜하지만 그렇다고 글을 요점 없이 늘여 쓰면 안 된다. 기사문은 요체만 간결하게 쓰는 것을 원칙으로 한다. 중언부언 핵심 없이 늘여서 쓴 기사는 독자들이 읽지 않는다. 불과 몇 줄을 읽다가 더 이상의 읽기를 포기한다. 그래서 모든 기사는 압축적으로 요약해서 간결하게 써야 한다. 그래서 기자는 기사를 쓸 때 꼭 써야 할 내용이 무엇인지를 추린다. 불필요한 내용은 과감히 버린다. 최대한 간결하게 쓰기 위해 뼈대만 추려 쓴다. 이렇게 쓰면 건조하다는 느낌은 들지만 이해하기 쉽고 전달이 잘 되는 특징을 갖는다.

또한, 내용이 복잡하고 길 경우, 가장 핵심적인 내용을 잡아내 그 내용을 위주로 글을 작성한다. 예를 들어보자. 문재인 대통령이 5·18을 맞아 광주 국립5·18민주묘지를 찾아 기념사를 했다. 그 기념사는 20분 가까운 시간 이어졌고, 많은 내용을 담았다. 그런데 모든 신문과 방송의 제목은 약속이나 한 듯 '문재인 대통령 5·18 발포명령자 반드시 색출'이라는 제목으로 기사를 발표했다. 물론 기사의 첫 문장도 "문재인 대통령이 광주5·18 민주묘역에서 가진 5·18 39주년 기념사를 통해 광주민주화운동 당시 시민군을 향해 발포한 계엄군의 발포명령자를 반드시 색출해내겠다고 전 국민 앞에서 약속했다."였다. 발포명령자 색출 관련 내용이 전체 기사 내용의 절반 이상을 차지했고, 몇 가지 내용을 추가했다. 제대로 된 언론이라면 이렇게 기사를 쓰는 게 당연하다.

이렇듯 기자는 동물적 감각을 가지고 누군가 한 말에서 가장 핵심적인 내용을 찾아내고 그것을 기사의 리드 부분에 적는다. 어떤 상황에 직면하든 무의식적으로 핵심 내용을 찾고, 그것을 기사의 리드문으로 작성한다. 보도자료도 같은 맥락에서 작성해야 한다. 시간 순서대로 벌어진 일을 나열하는 것은 기사문이 아니다. 그렇게 나열하는 것은 초등학생의 일기일 뿐이다. 핵심도 없고, 중요한 내용도 없이 그저 일과를 시간 순서대로 나열하는 것은 잘못된 글쓰기 습관이다. 하지만 각 기관이 배포하는 보도자료는 대부분 눈에 보이는 행사를 시간 순서대로 나열한 내용이다. 이 잘못된 보도자료를 올바르게 고쳐야 자료의 선순환이 계속된다.

중요한 건 본질 파악하기

앞선 글에서 예시한 것과 비슷한 내용을 한 번 더 예시해보자. 지자체가 추진하는 정책의 논리적 타당성을 확보하기 위해 흔히 하는 일 중 하나가

토론회를 개최하는 것이다. 지자체가 추진하려는 정책과 뜻을 같이하는 전문가를 초청해 그들의 입을 통해 정책 전개의 당위성을 확보하고자 하는 의도이다. 토론회는 정책의 정당성을 논리적으로 확보하기 위해 개최한다. 그러면 보도자료를 작성할 때도 그 목적의식을 머릿속에 두고 목적에 부합하도록 글을 이끌어가야 한다. 이 토론회를 통해 궁극적으로 얻어내려고 하는 것이 무엇인지를 놓치지 말아야 한다. 시간순으로 나열하는 단순한 글쓰기를 하는 것은, 글을 쓰기 전에 이 글로 전달하려는 핵심 메시지가 무엇이고 왜 글을 쓰는지 생각하지 않았기 때문이다. 글을 쓰는 동안 핵심가치를 염두에 두지 않고 쓰기 때문이다.

실제로 보도자료를 받아보면 핵심 메시지가 없이 엉뚱한 방향으로 흘러가는 글을 쉽게 발견한다. 제목은 '금강시 중장기 발전을 위한 개발정책 토론회 개최'라고 작성돼 있다. 리드문은 "금강시는 2030년 대비 중장기 개발정책 방향 마련을 위한 전문가 세미나를 1일 시민회관에서 개최하였다."라고 쓴다. 그러고는 이날 토론회에 누가 참석했는지를 의전서열 순서대로 열거한다. 이어 "첫 순서로는 사과대 속리산 교수가 '금강시 방문의 해 지정의 필요성'이란 제목으로 주제발표를 하였다. 속리산 교수에 이어 오렌지연구소 영산강 연구원이 '한라군의 사례에서 배우는 지역 관광 활성화 전략'이란 제목의 발표를 하였다. 이어 자유토론이 이어진 가운데 백두시 섬진강 관광과장, 백두시민연합 낙동강 사무국장, 포대대 관광과 임진강 교수, 와인연구소 포도 연구원 등이 관광 활성화를 주제로 열띤 토론을 이어갔다." 등 행사 순서대로 나열한다. 전형적인 껍데기 보도자료이다.

반면 기자들이 기사를 쓰면 양상은 달라진다. 기자는 "백두시의 관광 활성화를 위해 '백두시 방문의 해'를 지정해 전략적으로 대처해야 한다는 전문가 의견이 제시됐다. 오렌지대 내장산 교수는 백두시 주최로 1일 시민회관 세미나실에서 열린 '백두시 관광 활성화를 위한 토론회'에서 '백두시 방문의 해 지정 필요성'이란 주제발표를 통해 "지역 관광 활성화를 위해 백두시 방문의 해를 지정해 집중적인 홍보활동을 펼치고, 관광 순환 코스를 개발하는 데 역량을 모아야 한다고 주장했다. 내장산 교수는 특히 시티투어 상품개발 등 실질적인 자구책 마련이 필요하다고 강조했다." 이런 식으로 기사를 쓴다. 주제발표의 내용으로 기사의 절반 이상을 채운다. 그러고는 후속 발표나 토론자의 발언 중 의미 있는 내용을 골라 간략하게 적는다.

이렇게 기자가 작성하는 기사와 기관에서 배포하는 보도자료 간에 명백한 시각 차이가 존재한다. 토론회가 열렸다는 사실은 기사로서의 가치가 없다. 토론회를 통해 전문가가 어떤 의견을 제시했는가, 제시한 의견이 실현 가능하고, 실제로 주민에게 도움을 줄 수 있는지가 중요하다. 어떤 정책을 마련하든 그 정책이 궁극적으로 얻고자 하는 목적이 있다. 그것은 주민을 위한 것이고 주민이 혜택을 갖는 구조라야 한다. 보도자료를 작성할 때는 처음부터 끝까지 그 생각을 놓지 말아야 한다. 모든 행정의 주인은 주민이다. 목적의식 없이 기관장이나 부서장에게 보여주기 위한 보도자료는 그만 써야 한다. 주민에게 정책을 제대로 알린다는 목적의식을 가지고 주민을 염두에 두고 보도자료를 써야 한다. 그러면 관점이 전혀 달라질 것이다.

Bad 잘못된 보도자료

금강컨벤션센터에서 '금강발전 2030세미나' 열려

백두산 금강시장 등 300명 참석 … 설악산 아나운서 사회

금강시의 도시계획에 전문가들의 의견을 듣는 '금강발전 2030세미나'가 1일 금강컨벤션센터에서 열렸다.

금강BBB방송 설악산 아나운서의 사회로 진행된 이날 행사에는 백두산 금강시장, 지리산 금강시의회 의장, 한라산 교육장과 가야산 국회의원 등이 참석해 전문가 의견을 경청하였다.

백두산 금강시장은 "금강시의 미래를 위해 새로운 도시계획 변경이 불가피하다"며 "금강시의 미래와 발전을 위해 심도 있는 토론의 장을 이끌어 달라"고 당부하였다.

지리산 금강시의회 의장도 축사를 통해 "이번 세미나가 금강의 중장기 발전 핵심 방법을 찾는 계기가 되기 바란다"고 말하였다.

강연에 앞서 금강사과여고 관현악대의 4중주 연주가 펼쳐졌다.

첫 번째 발표는 포도대 월악산 교수의 '금강시의 미래를 위한 제언'이라는 주제발표가 있었다.

이어 국토개발연구원 소백산 선임연구원의 '금강의 원도심에서 답을 찾다'라는 주제의 발표를 했고, 다음으로 낙동대 월출산 교수가 '금강의 미래 100년을 말하다'라는 주제의 발표를 하였다.

3명의 발표에 이어 금강시 환경시민연대 치악산 사무국장, 섬진일보 주왕산 편집국장, 자두당 금강시당 월출산 사무처장 등의 토론이 이어졌다.

Good 올바른 보도자료

"택지개발 예정지 산업용지로 전환해야"

포도대 월악산 교수 금강발전 포럼서 주장

금강시의 안정적 인구 유지와 지속발전을 위해 택지개발이 예정된 토지를 산업용지로 전환하는 획기적 도시계획 변경이 단행돼야 한다는 주장이 제기됐다.

포도대 월악산 교수는 1일 금강컨벤션센터에서 금강시 주최로 열린 '금강발전 2030세미나'에서 '금강시의 미래를 위한 제언'이라는 주제발표를 통해 "전국적인 인구 동향 추이로 미루어 금강시의 인구증가는 더 없을 것으로 보이는 만큼 현재 택지개발이 예정된 토지를 산업용지로 전환해 첨단형 산업도시로 발전 방향을 잡아야 한다"고 주장했다.

월악산 교수는 이어 "특히 남부권 2단계와 3단계 택지개발 예정지를 산업시설과 연구기능, 컨벤션기능, 사업기능이 혼재된 첨단형 복합도시 형태로 개발해야 한다"고 강조하고 "이를 위해 금강시는 중앙정부와 긴밀한 업무협조를 통해 개발계획 변경을 추진해야 한다"고 주장했다.

국토개발연구원 소백산 선임연구원도 이날 '금강의 원도심에서 답을 찾다'라는 제목의 발표를 통해 "금강의 인구증가가 멈춰선 상황에서 외곽지역에 개발로 가지를 확대해 나가는 것은 무모한 발상"이라며 "원도심 개발에 집중할 때 도시의 균형발전과 더불어 소모적인 도시팽창을 막을 수 있을 것"이라고 주장했다.

이들 발표자 외에 토론자로 참석한 금강시 환경시민연대 치악산 사무국장과 섬진일보 주왕산 편집국장, 자두당 금강시당 월출산 사무처장 등도 현재의 도시개발 구상을 대폭 수정해 실현 가능한 계획으로 전환할 필요가 있다고 의견을 모았다.

43
보도자료부터 써 놓고 일 시작하기

언론사 제작 시스템 이해가 우선

보도자료는 내용만큼이나 타이밍이 중요하다. 언제 발송해서 언제 보도되게 할 것인지 구상단계부터 생각해야 한다. 일정 규모를 갖춘 기관의 경우 홍보 전담부서가 설치돼 있지만, 작은 조직은 총무나 서무 담당자가 홍보업무를 겸직하는 경우가 많다. 전문성이 없으면 모든 것이 어줍을 수밖에 없다. 전문성이 없다는 것은 보도자료 작성이 익숙하지 못하다는 것을 포함해 언론 시스템에 대한 이해가 부족하다는 것을 의미한다. 보도자료를 왜 보내야 하는지, 언제 보내야 하는지, 누구에게 보내야 하는지 등 전반이 미숙한 이들이 그만큼 많다는 것이다. 그래서 홍보업무가 시스템화돼 있지 않은 기관에서 발송하는 자료는 대개 자료로서의 가치가 미흡한 경우가 많다. 그만큼 보도될 확률이 낮다.

우선 시간 개념이다. 보도자료는 각 언론사의 제작 시간을 염두에 두고 발송해야 한다. 또한, 자료의 선도를 살리기 위해 재빨리 작성해 배포해야 한다. 가끔 보도자료를 받아보면 사건이 발생한 후 하루나 이틀 많게는 수일이 지난 후에 뒤늦게 발송하는 사례가 있다. 이런 경우는 기사로 작성돼 매체에 실릴 확률이 희박하다. 더 솔직히 말하면 확률이 희박하다기보다는 실리지 않는 것이 원칙이다. 한참 뒤늦게 자료를 보내는 경우는 대개 홍보마인드가 부족해 관련된 모든 일을 처리하고 다음 날 또는 그다음 날에야 자료를 작성해 보낸 것이다. 날짜에 상관없이 자료를 보내도 기사화해 줄 것이란 아주 순진한 생각을 한 것이다. 날짜가 늦어진 자료는 대개 시간도 제 맘대로 보낸다. 언론사 사정은 전혀 고려하지 않고 자신이 편한 시간에 보낸다. 이 또한 언론의 시스템에 대한 이해가 부족하기 때문이다.

전담부서 유무의 차이

홍보 전담부서가 있는 큰 조직은 적어도 이런 실수는 하지 않는다. 언론사의 시스템을 제대로 이해하고 있고, 기자의 특성도 정확히 알고 있기 때문이다. 그런데 홍보 전담부서가 있는 큰 조직도 애로가 있기는 마찬가지이다. 홍보를 모르는 타 부서 직원들의 마인드는 절벽상태이기 때문이다. 정책부서 업무담당자들은 해당 정책을 가장 잘 아는 당사자이다. 세상 어디에도 담당자보다 그 정책을 더 잘 아는 사람은 없다. 그러니 그 정책에 대해 가장 정확한 자료를 만들어줄 사람은 담당자다. 하지만 그가 홍보마인드가 없다면 앞서 밝힌 사례와 사정이 비슷하다. 며칠 묵은 자료를 홍보부서로 보내기도 하고, 보도자료 형식이 아닌 보고서 수준의 자료를 그대로 홍보부서에 보내기도 한다. 홍보의 시간을 고려하지도 않는다.

규모가 있는 조직은 보도자료로 기능을 상실했거나 도무지 이해할 수 없는 자료 등은 홍보부서에서 걸러낸다. 홍보부서는 수시로 각 실과에 홍보할 내용이 있으면 미리 자료를 만들어 홍보부서로 보내라는 내용의 업무협조 연락을 한다. 때로는 정책부서에 개별 연락을 해서 추진 중인 정책 관련 보도자료를 만들어 보내라고 요청하기도 한다. 큰 틀의 시스템을 이해하고 있기 때문이다. 홍보부서를 한 번쯤 거쳐 간 이들은 업무를 수행하며 시야가 넓어지고 남다른 홍보마인드를 갖게 된다. 근무하는 동안은 다른 어느 부서보다 힘들고 보상도 없지만 한 번쯤은 해볼 만한 업무가 홍보라고 거쳐 간 이들은 한결같이 말한다.

보도자료를 작성하는 시기는 정책의 마무리 단계가 적당하다. 모든 것이 끝난 뒤에 보도자료를 만들겠다면 늦다. 정책이 의사결정권자의 결심을 받아 확정됨과 동시에 작성하는 게 바람직하다. 결심 받는 과정에서 일부 변경 또는 수정되는 사항을 고칠 수도 있다는 마음가짐으로 자료를 미리 작성해야 한다. 시간 여유를 가지고 유사한 정책에 대한 과거 언론 보도를 살펴보는 것도 많은 도움이 될 수 있다. 앞서 밝힌 대로 이전의 업무담당자가 과거에 작성해 놓은 보도자료를 참고하는 것보다, 언론을 통해 최종 보도된 기사를 참조하는 것이 좋은 자료를 만드는데 훨씬 유리하다. 미리 시간을 두고 작성해야 부서장도 살펴보고, 홍보부서도 점검할 시간적 여유가 있다. 기자도 시간 여유를 갖고 자료를 받아봐야 꼼꼼히 살펴볼 수 있고, 추가 의문사항을 직접 담당자에게 연락해 물을 수도 있다.

순진한 업무담당자는 사진을 확보해서 사진과 함께 보도자료를 보내야 한다고 생각할 수 있다. 기관의 홍보부서는 각 실과에서 취합한 자료를 일정 시간에 동시 발송한다. 모든 자료는 이때 언론사에 뿌려야 한다. 사진을 확보해 다음 날 보낸다고 생각하면 오산이다. 사진만 오후에 따로 보내면 된다. 이럴 땐 보도자료 한쪽에 별도의 표시를 해서 관련 사진이 오후에 발송될 예정이라고 메시지를 주면 된다. 그러면 자료를 받은 기자가 편집기자와 연락해 오후 몇 시 무렵에 관련 사진이 도착할 것이라는 메시지를 전달한다. 연락을 받은 편집기자는 사진 채울 공간을 비워두고 편집을 한다. 예정된 시간에 사진이 도착하면 바로 그 자리에 채워 넣기만 하면 된다.

44 의문이 남지 않도록

의문을 키우는 보도자료도 있다

이런 내용의 보도자료를 받아본 적이 있다. 어느 도교육청에서 발송한 이 자료는 '도내 특성화 고등학교 정원 대비 지원자 수가 많아 1대 1의 경쟁률을 넘어섰다.'는 내용이었다. 수년째 정원 대비 지원자 수가 적은 상태를 유지하다가 몇 년 만에 정원을 넘는 수의 학생이 특성화고를 지원한 것을 보도자료로 작성한 것이다. 이 자료를 받아본 기자는 당연히 의문을 가질 수밖에 없다. 전체 모집정원 대비 지원자 수가 많다는 사실만으로 기사를 쓸 기자는 없다. 단위 학교별 구체적 지원 상황을 파악해야 정확한 진단을 할 수 있기 때문이다. 이 보도자료는 실무부서가 작성해 홍보부서를 경유해 언론사에 배포된 것이었지만 허점투성이였다. 작성자의 홍보마인드가 부족한 것은 물론이고, 홍보부서도 제대로 검증하지 않고 자료를 발송한 책임을 면할 수 없다.

이런 자료라면 단위학교별 지원 현황을 자세히 제공했어야 한다. 그러면 기자는 지역별 편차는 어떤지, 남녀 성비의 편차는 어떤지, 분야별 편차는 어떤지 등을 분석해 다양한 기사를 작성할 수 있다. 예를 들어 도시 지역 특성화고는 과당 경쟁 상태지만 농촌 지역 특성화고는 여전히 미달을 면치 못하고 있다는 기사를 작성하든지, 아니면 요리나 제과·제빵 분야는 인기가 치솟았지만, 미용이나 의상 분야는 인기가 날로 쇠락하고 있다든지, 농업계열은 지원이 감소하는 반면 공업계열은 지원이 증가했다는 등의 기사를 작성할 수 있다. 기자들은 의문투성이인 자료를 받아보고, 누구랄 것 없이 담당 장학사에게 전화를 걸어 구체적 자료 제공을 요청했다. 하지만 그 장학사는 이런저런 이유를 대며 끝까지 자료 제공을 거부했다.

자료 요청을 정당한 사유 없이 거부한 담당부서는 어떤 일을 당했을까. 오래된 일이라 자세히 기억은 나지 않지만 여러 방법으로 망신을 당했다. 이런 땐 단위학교별 지원 현황을 자료로 제공해 주는 것이 옳다. 아마 그 장학사는 학교별 선호도에 따라 지원 편차가 발생하자 미달학교를 보호한다는 생각에 끝까지 자료를 제공하지 않았을 것으로 보인다. 그렇다면 구체적 학교명을 표기하지 말고 A 학교, B 학교, C 학교라고 표시해 달라고 요청했어야 옳다. 또는 보도자료 자체에 단위 학교 이름을 명시하지 않고 이니셜(Initial) 처리를 해서 상황을 파악할 수 있게 해 주었어야 한다. 물론 언론에 개별 학교의 현황이 드러나지 않게 특별히 유념해 달라는 메시지를 줬으면 더 좋았을 것이다. 메시지가 없더라도 기자에게 그 정도 눈치는 있다.

Bad 잘못된 보도자료

도내 특성화고, 모집정원 대비 지원자 넘쳐

5년 만에 1대1 경쟁률 넘어서

금강 도내 특성화고의 지원경쟁률이 5년 만에 1대1을 넘어섰다.

지난 25일부터 30일까지 도내 10개 특성화 고등학교에 대한 입학지원서 접수가 진행된 가운데 정원 4000명에 4010명이 접수해 평균 경쟁률이 1대1을 넘어섰다.

최근 5년 연속 특성화고의 원서접수가 모집인원 대비 미달을 보였던 것에 비하면 괄목할 만한 성장이라 할 수 있다.

이는 도교육청이 중학생들을 대상으로 자유학기제 등을 통해 미래 직업에 대한 현실성 있는 접근을 할 수 있게 기회를 제공하는 한편 이미지 개선을 위해 지속 노력해온 결과로 평가된다.

도교육청은 앞으로도 관내 중학생들을 대상으로 직업교육과 특성화고에 대한 의식 개선을 지속 벌여나가는 한편 특성화고의 영역을 확대하고 내실을 기해 더 많은 지원이 이루어지도록 노력할 방침이다.

아울러 학부모들을 대상으로 특성화고에 대한 이미지 개선을 위한 홍보활동을 지속 벌여나갈 계획이다.

Good 올바른 보도자료

제빵, 미용 분야 특성화고 인기 '짱'

도내 특성화고 분야별 명암 … 전통분야 인기 저조

제빵과 미용 분야의 특성화고 인기가 날로 향상하고 있는 반면 공업기술 분야와 농업 분야의 인기는 수그러들어 대조를 보였다.

금강교육청이 지난 25일부터 30일까지 6일간 도내 10개 특성화고 신입생 입학지원서를 접수한 가운데 전체 모집정원 4000명에 4010명이 접수해 정원 대비 10명이 초과 접수한 가운데 분야별, 지역별 큰 편차를 보였다.

제빵 분야와 미용 분야에 응시가 집중돼 A고 제빵 학과의 경우 60명 모집에 85명, B고 미용학과의 경우 80명 모집에 121명이 각각 원서를 접수했다.

이 밖에 C고 제빵학과도 60명 모집에 65명, D고 미용학과도 60명 모집에 70명이 각각 원서를 접수했다.

토목, 전기, 기계 등 전통적인 공업기술 분야는 대부분 정원에 못 미치는 접수 결과를 보였다. 원예, 조경 등 농업 분야도 모집정원에 미달하는 부진을 보였다.

E고 토목과는 50명 정원에 42명이 입학원서를 접수했고, 전기과와 기계과도 각각 60명 정원에 50명과 51명이 접수하는 데 그쳤다.

F고도 사정은 비슷해 각 40명씩 선발하는 토목과, 전기과, 기계과에 35명, 38명, 39명이 접수해 3개 학과 모두 모집인원에 미달했다.

G고 원예과와 조경과도 각 30명씩을 모집했지만 25명과 26명이 원서를 접수하는 데 그쳤다.

동료에게 우선 점검받기

보도자료를 받아보면 이런 사례는 의외로 많다. 내용이 부실해 궁금증이 풀리기는커녕 오히려 없던 궁금증이 생겨나게 하는 보도자료도 상당수다. 대개는 5W1H 중 어느 하나가 빠져 완벽한 기사를 작성하기 어렵다. 보도자료 전체를 읽어보아도 누가 했다는 것인지, 무엇을 했다는 것인지, 언제 했다는 것인지 등이 드러나지 않는 경우가 있다. 홍보부서도 많은 자료를 검토해 언론사로 넘기다 보면 미처 꼼꼼하게 살피지 못하고 보낼 때가 있다. 보도자료를 작성한 당사자라면 작성 후 몇 번을 소리 내어 읽어보면서 빠뜨린 내용이 있는지 점검한 후에 발송해야 한다. 주위 동료에게 읽어보도록 하고 어색한 부분이나 궁금증이 있는지 확인해 보는 것도 좋은 방법이다.

본인이 작성한 글을 본인이 읽어보고 오점을 찾아내기란 쉽지 않다. 거듭 읽어봐도 똑같은 오류에 빠져들기 때문에 그 오점을 찾아내 고치기란 어렵다. 자신이 쓴 글의 오점을 그나마 잘 잡아낼 방법이 소리 내어 읽는 것이다. 눈으로 읽는 것보다 직접 소리를 내어 읽다 보면 어색한 부분이 그나마 잡힐 수 있다. 두 번, 세 번 소리 내어 읽기를 반복하면 오점이 발견되는 수가 있다. 발견된 오점을 바로잡거나 보충한 뒤에 다시 소리 내어 읽기를 반복하면 추가로 어색한 부분을 찾아낼 수 있으니 이 과정을 반복해야 한다. 자신이 쓴 글을 송고하기 전에 동료에게 읽어보게 하고 내용면에서 궁금한 점이 있는지, 어색한 표현이 있는지 찾아보게 하는 것도 좋다. 내 눈에 안 보이는 것이 다른 사람의 눈에 보일 수 있기 때문이다.

45
통신 선상에서 벗어나지 않기

언제 보충 취재가 올지 모른다

보도자료는 형식도 매우 중요하다. 여러 가지 형식 중 빼놓아서는 안 되는 하나가 업무담당자의 소속과 성명, 연락처 표기다. 업무담당자는 자료에 적힌 내용을 가장 잘 알고 있는 자이다. 또한, 업무와 관련한 문제점을 해결하고 문제 발생 시 가장 적극적으로 해결해야 할 책임자다. 보도자료의 내용이 완벽하면 기자가 업무담당자에게 연락할 일은 없다. 하지만 자료에 5W1H 중 하나를 빠뜨렸거나 내용상 이해가 안 되는 부분이 생기면 기자는 담당자에게 연락해서 궁금한 내용을 묻는다. 기자가 자료에 적힌 정책에 대해 각별한 관심이 있어 추가 취재하기 위해 연락하는 때도 있다. 그래서 자신의 이름으로 보도자료가 뿌려진 날은 자리를 지키며 혹시 모를 상황에 대비해야 한다.

언론이 기사 탈고를 마치는 시간까지 특별한 일이 없으면 자리를 지키고 있어야 한다. 전화로 추가 질문을 하는 기자가 얼마든지 있을 수 있기 때문이다. 또한, 불요불급한 사적 통화를 자제하여 외부에서 전화를 거는 사람이 계속해서 '통화 중' 신호를 듣는 일이 발생하지 않도록 해야 한다. 민원인으로부터 전화가 걸려오더라도 최대한 간결하게 통화를 마쳐 기자로부터 혹시나 전화가 걸려올 상황에 대비해야 한다. 만약 민원인이 장시간 통화를 유도할 경우, 정중히 상황을 설명하고 통화를 끝내야 한다. 사무실 전화가 아닌 휴대전화로 문의가 올 수도 있으니 휴대전화도 오랜 통화를 자제해야 한다. 전화기가 꺼져있는지 또는 전화가 걸려올 때 벨 소리가 나지 않게 무음이나 진동으로 설정해 두었는지를 수시로 확인해야 한다.

실제 그런 상황이 많지는 않지만 있을 수 있다. 담당자는 물론 팀장과 부서장까지 함께 행사에 참여하느라 전화 통화가 모두 불가한 상황이다. 담당자가 해당 업무를 가장 잘 알고 있다면, 팀장이나 부서장은 담당자 다음으로 관련 업무에 대해 많은 것을 알고 있다. 담당자가 연락이 안 되면 기자는 팀장을 찾고, 팀장도 연결이 안 될 때는 부서장을 찾는다. 팀장이나 부서장과 연결이 되면 만족스럽지는 못하지만 궁금한 부분에 대해 웬만큼 원하는 답을 얻을 수 있다. 그런데 공교롭게도 모두 연락이 안 되는 때가 있다. 내가 작성한 보도자료가 언론에 뿌려진 날은 언제 어디서라도 전화가 걸려올 수 있다고 생각하고 궁금증을 즉시 해결해 줄 수 있게 준비하고 있어야 한다.

자료를 비치해 두는 센스

덧붙여 한 가지 추가 요구를 하면 혹시 전화가 걸려올 수 있다는 가정 아래 관련 자료를 전화기 옆에 챙겨 둘 필요가 있다. 과거 지나간 날짜나 정확한 수량 등 수치를 묻는 전화가 걸려올 수도 있고, 그 정책과 관련된 인물의 신상을 물어올 수도 있다. 이처럼 세부적인 사항을 물어왔을 때 일일이 기억하지 못하고 있다면 바로 찾아 답변해 줄 수 있도록 자료를 비치해 두어야 한다. 기자로부터 전화가 걸려와 이런저런 질문이 이어지는데 담당자가 통화 도중 자료를 찾는다며 한동안 기자를 기다리게 하면 업무 숙지에 대한 신뢰가 떨어진다. 기자는 마감시간이 임박하면 극도로 예민해지고 초조해진다. 그토록 초조한 상태의 사람을 하염없이 기다리게 하면 안 된다.

기자가 가장 약오르는 상황이 있다. 취재를 위해 담당자에게 전화를 걸지만, 담당자가 자리에 없을 때가 있다. 옆자리 직원이 전화를 당겨 받은 후 부재 상태를 알려주면 기자는 자신의 소속과 이름을 밝힌 후 담당자의 휴대전화 번호를 묻는다. 이 상황에 전화번호를 가르쳐 주는 경우는 거의 없다. 동료는 개인정보라서 알려줄 수가 없다며 연락처를 남기면 담당자가 들어오는 대로 연락하도록 하겠다고 한다. 한참을 기다려도 전화는 걸려오지 않는다. 다시 전화를 걸면 똑같은 대답을 한다. 다른 동료가 전화를 당겨 받으면 그 역시 담당자가 들어오면 연락할 수 있도록 조치하겠다며 전화번호를 달라고 한다. 그러나 역시 전화는 걸려오지 않는다.

몇 차례 이런 상황이 반복되면 울화가 치밀어 오른다. 치미는 감정을 가라앉히고 퇴근시간 임박해 전화를 다시 걸면 옆자리 동료가 "퇴근했습니다."라고 대답한다. 최악의 상황이다. 실제 경험한 상황이다. 대중을 등에 업고 언론매체라는 무기 아닌 무기를 움켜쥐고 있는 기자에게 이렇게 무심하다면 일반 민원인에게 어떤 자세로 응대할지 짐작이 간다. 이런 상황에서는 보도자료로 작성된 정책이 보도되지 않는 것은 물론이고 관련 내용이 역풍을 맞을 수도 있다. '설마 저런 경우가 있을까'라는 의문을 가지며 이 글을 읽을지 모르지만, 가끔 벌어지는 실화이다. 다시 수차례 전화를 걸어 통화가 이루어지는 경우는 더러 있지만 적어 준 전화번호로 실제 전화를 걸어오는 사례는 극히 드물다.

46
나라면 뭐가 궁금할까

내가 하고 싶은 말 말고

껍데기와 알맹이를 구분해서 알맹이를 쓰라는 얘기는 어쩌면 이 책 전체를 통해 가장 강조하고 싶은 말이다. 그래서 한 번 더 사례를 들어 강조하고자 한다. 어떤 종류의 글을 쓰든 가장 먼저 고려해야 할 일이 있다. 글을 쓰는 사람은 자신이 하고 싶은 이야기를 일방적으로 글로 쓰면 안 된다. 중요한 건 상대다. 글을 읽는 사람, 즉 독자를 생각하며 써야 한다. 일기나 비망록 등 자신을 위해 쓰는 글도 있지만, 글이란 대개 내가 쓰고 독자가 읽는다. 글을 쓰는 목적은 내가 가진 감정이나 주장, 정보 등을 상대에게 전달하고자 하는 것이다. 말을 할 때도 상대를 의식하며 해야 하듯 글을 쓸 때도 독자를 의식하며 써야 한다. 즉, 내가 하고 싶은 말을 글로 적기보다는 상대가 알고 싶은 내용을 글로 옮겨야 한다. 상대가 궁금한 것이 따로 있는데 내가 하고 싶은 이야기만 하면 호응을 얻을 수 없다.

학습자를 가르치는 교수자나 군중을 향해 연설하는 강연자도 마찬가지로 이야기를 듣는 사람이 알고 싶고, 듣고 싶은 이야기를 해야 한다. 상대는 전혀 관심이 없는 내용을 내 관점에서 이야기하면 상대는 귀를 닫는다. 언제나 내가 듣고 싶은 이야기가 나올지 기대를 하다가 일정 시간까지 원하는 이야기가 나오지 않으면 이후 전혀 들으려 하지 않을 것이다. 글쓰기도 이와 다르지 않다. 보도자료라는 글은 더 말할 나위가 없다. 내가 뉴스 소비자라면, 내가 정책의 대상인 주민이라면 무엇이 궁금할까를 생각하며 글을 써야 한다. 상대의 입장은 아랑곳하지 않고 내가 전달하고 싶은 내용만 적으면 상대는 외면한다. 거듭 강조하지만, 글은 읽는 사람의 입맛에 맞게 써야 한다.

핵심을 파악하는 능력

월드컵 축구경기 본선 조별리그가 벌어지고 있다고 가정하자. 한국과 같은 조인 일본과의 경기가 벌어졌다. 이 경기에서 한국이 1-0으로 승리를 거뒀다고 하자. 이 경기는 조별리그 첫 경기였다. 그렇다면 이 경기가 끝난 뒤 기자는 어떻게 기사를 써야 할까? 이 책을 통해 반복 강조한 리드문을 작성해보자. 리드문은 이 경기의 의미를 한 줄로 요약해 가장 앞줄에 쓰는 문장이다. 경기를 지켜본 후에 경기를 못 본 누군가에게 가장 핵심적으로 이 경기의 내용을 전해 준다면 뭐라고 할까를 생각하면 답은 쉽게 나온다. "한국이 A조 조별리그 첫 경기에서 일본을 1-0으로 꺾고 승점 3점을 얻어 조 1위에 올랐다." 이 정도로 정리하면 된다. 이 문장에는 가장 중요한 요소가 모두 들어 있다.

한국이 일본을 상대로 1-0 승리를 거뒀다는 내용, 승점 3점을 챙겼다는 내용, 조 1위로 올라섰다는 내용이 한 문장 안에 모두 들어 있다. 이렇게 쓰는 문장이 리드문이다. 리드문에 이어 다음으로 중요한 내용을 써야 한다. 즉 "한국은 1일 한강구장에서 벌어진 브라질월드컵 A조 조별리그 일본과의 첫 경기에서 후반 15분 터진 태백산의 헤딩골을 결승점으로 지켜내 값진 1승을 챙겼다. 한국은 경기 내내 주도권을 잡아나가며 여유 있는 경기를 펼쳤고, 후반에 얻은 득점 찬스를 결승점으로 연결시켰다." 정도의 문장을 이어갈 수 있다. 이렇듯 이 경기에서 가장 중요한 내용을 한 줄로 축약시키면 그것이 곧 리드문이 된다. 상식적으로 생각하면 된다.

위 경기를 껍데기인 행사 위주, 시간순 나열 방식으로 쓴다면 아주 재미없는 기사가 될 것이다. "한국과 일본의 축구경기가 1일 한강구장에서 열렸다. 이날 경기에 앞서 진행된 개막식에는 내장산 대한축구협회장과 후지산 일본축구협회장, 북한산 문체부장관 등 체육계 인사가 대거 참석했다. 경기에 앞서 국군 의장대가 화려한 의장시범을 보여 관중들의 박수를 받았다. 한국팀과 일본팀은 각각 20명씩 모두 40명의 선수단을 구성했고, 전반전과 후반전은 각각 45분씩 경기가 펼쳐졌다." 이런 순으로 기사를 썼다면 읽는 사람은 재미가 없는 것은 물론이고 글을 읽는 내내 답답해 가슴을 쳤을 것이다. 가장 중요한 승패와 승점과 조별 순위에 관한 내용이 없기 때문이다.

축구기사를 읽을 때는 누구나 승패가 가장 궁금하다. 내가 응원하는 팀이 이겼는지 졌는지, 이겼다면 누가 결승 골을 터뜨렸는지, 다음 라운드 진출 가능성은 얼마나 커졌는지 등이 가장 궁금하다. 그렇다면 궁금한 순

Bad 잘못된 보도자료

금강월드컵구장서 한국 대 일본 월드컵 예선 열려

한국 1-0 승리로 승점 3점 획득 … 조1위로 나서

월드컵 조별리그 A조 예선 한국과 일본의 경기가 1일 금강월드컵경기장에서 열렸다.

이날 경기장에는 3만여 명의 시민이 관람석 스탠드를 가득 메워 월드컵에 대한 높은 관심을 표출했다.

백두산 금강시장과 한라산 시의회 의장, 지리산 교육장도 이날 경기장을 찾아 시민들과 한국의 월드컵 본선 진출을 열렬히 응원했다.

전반전은 양 팀이 득점 없이 0-0으로 경기를 마쳤다.

후반 들어 한국은 월악산 선수의 중거리 슛이 일본팀 골문을 통과해 1-0으로 짜릿한 승리를 거두었다.

Good 올바른 보도자료

월악산 한국에 천금의 승점 3점 선물

한국대표팀, 일본 상대 1-0 승 … A조 선두 올라서

한국이 월드컵 예선 조별리그 A조 첫 경기에서 일본을 1-0으로 꺾고 승점 3점을 얻어 조 1위에 올랐다. 이로써 한국은 남은 3경기 중 1경기만 더 승리하면 자력으로 16강 진출을 확정 짓는다.

일본은 남은 경기를 모두 승리하거나 1승 1무 이상의 성적을 거둬야 16강 진출을 바라볼 수 있게 된다.

금강월드컵경기장에서 벌어진 A조 예선 첫 경기에서 한국의 승리를 결정지은 결승골은 후반 17분 소백산의 발끝에서 시작해 월악산이 완성했다.

소백산은 중앙선 부근부터 시작해 모두 3명의 일본 수비수를 차례로 제치고 상대 골대 우측 모서리에서 짧은 패스로 월악산에게 공을 넘겼고, 월악산이 침착하게 왼발 슛을 쏘아 골로 연결했다. 이 골로 한국은 16강의 문턱에 한발 앞으로 다가섰다.

한편 같은 조인 쿠웨이트와 포르투갈의 경기는 2일 오후 7시 한강월드컵경기장에서 열린다.

Bad 잘못된 보도자료

금강야구장에서 목성과 천왕성 야구경기 열려

백두산 금강시장 격려

금강야구장에서 목성 치타스와 천왕성 돌핀스의 프로야구경기가 열렸다. 이날 백두산 금강시장이 경기 전 시구를 선보였다.

백두산 시장은 관중에게 인사말을 통해 "금강을 야구도시로 만들기 위해 노력할 것이며 5년 이내에 신축된 경기장에서 야구경기를 하게 될 것"이라고 말해 시민들의 호응을 얻었다.

이날 경기는 양 팀에서 오대산과 치악산 감독, 주왕산과 가야산 양 팀 주장을 비롯해 내장산, 속리산, 월악산, 소백산, 월출산, 가야산, 무등산 등 각 20명씩의 선수가 참가했다.

1회초 목성의 공격에 이어 천왕성이 1회말 공격을 하였다.

2회 목성이 1점을 먼저 얻었지만, 천왕성은 점수를 내지 못했다.

3회는 목성이 점수를 내지 못했고, 천왕성이 무려 3점을 내 점수는 1대3이 되었다. 4회와 5회, 6회, 7회, 8회까지 양 팀은 점수가 없었다.

9회초 목성이 3점을 얻어 4대3으로 역전을 했지만 9회말에는 천왕성이 다시 3점을 얻어 재역전에 성공하며 승리를 거두었다.

천왕성이 6대4로 승리하였다.

Good 올바른 보도자료

천왕성, 목성 잡고 5연승 '훨훨'

양 팀 전적 올해만 6승 1패 … 천왕성 압도적 우위

돌핀스군단이 치타군단을 제물삼아 5연승의 돌고래쇼를 선보였다. 양 팀은 올시즌에 7번 격돌해 천왕성 돌핀스가 목성 치타스를 상대로 6승1패로 압도적 우위를 보였다. 천왕성은 이날 승리로 5위에서 4위로 한 계단 상승했다.

천왕성은 1일 금강야구장에서 펼쳐진 목성과의 올시즌 7차전에서 에이스 오대산 씽씽 투를 앞세워 목성의 타선을 단 3개의 안타로 꽁꽁 틀어막은 데다 9회말 소백산이 역전 스리런을 날리는 등 투타의 조화를 앞세워 6대4의 짜릿한 승리를 거두었다.

선발 출전한 오대산은 올시즌 5승째를 챙겼고 소백산은 20호 홈런을 쏴 올려 화성의 설악산과 함께 홈런부문 공동 선두에 올라섰다.

2회와 3회 두 차례에 걸쳐 승부의 분수령을 맞은 가운데 9회 끝내기를 작렬한 천왕성이 승리의 여신과 악수했다.

9회 1사 주자 1·2루 상황에 타석에 들어선 소백산은 상대 투수 무등산의 4구째 낮은 슬라이더를 통타, 우측 담장을 넘기는 3점짜리 140m 대형 홈런포를 쏘아 올렸다. 올 시즌 5번째이자 개인통산 13번째 끝내기 홈런이다.

앞서 2회 1점 선취점을 올린 목성은 3회 천왕성에 3점을 내줘 역전을 허용했고 9회 다시 3점을 얻어 재역전에 성공했으나 9회말을 버티지 못하고 소백산에게 결승홈런을 맞고 무너졌다.

서대로 글을 써주면 된다. 그것이 스트레이트다. 시간순으로 경기 상황을 나열하면 아무런 의미가 없는 글이다. 이 사례를 생각하며 보도자료를 작성한다면 제대로 쓸 수 있다. 프로야구 기사를 쓴다고 가정해도 마찬가지이다. 당일 경기에서 가장 중요한 것이 무엇인지를 잡아내 그것을 첫 문장에 써야 한다. 승패와 순위 변동, 특정 팀이나 특정 선수의 대기록 달성을 리드로 잡아야 한다. 이후 승패의 분수령을 쓰고, 수훈선수가 있으면 그것을 쓴다. 중요한 순서대로 쓴다.

정책기사를 쓸 때도 같다. 내가 주민이라면 무엇이 궁금할까를 생각해야 한다. 주민은 항상 자신에게 주목한다. 자신의 생활에 어떤 변화가 올지를 생각한다. 이익이 올지, 불이익이 올지 먼저 생각한다. 그러니 보도자료를 쓸 때 주민 관점에 맞춰 리드문을 써야 한다. 철저하게 주민 입장이 돼 정책 시행에 따른 삶의 변화 내용을 중요한 순서대로 써야 한다. 주민을 생각하지 않고 상급자나 기관장을 떠올리며 쓰기 시작하면 그 보도자료의 가치는 곤두박질한다. 보도자료는 주민에게 정보를 주고 행정에 신뢰를 주기 위해 작성하는 문서라는 사실을 절대 잊어선 안 된다.

47
글 잘 쓰는 지름길, 필사

많이 읽고 많이 쓰고

말 잘하고 글 잘 쓰는 것은 자기 생각을 설득력 있게 누군가에게 전달할 줄 아는 것이다. 그래서 말 잘하고 글 잘 쓰는 사람은 부러움의 대상이다. 그런데 말 잘하고 글 잘 쓰는 것은 쉽게 익혀지지 않는다. 그래서 많은 이들이 그 능력을 타고나는 것이라고 믿는다. 그러나 말하기와 글쓰기가 타고났다는 것은 인정할 수 없다. 후천적 노력으로 실력이 향상될 수 있다는 사실을 분명히 알고 있기 때문이다. 경험해보지 못한 이들은 책을 많이 읽어야 말 잘하고, 글을 잘 쓸 수 있다는 사실을 이해 못 한다. 그러나 독서가 어휘력을 확장시켜 주고 논리력과 사고력을 키워 주는 거의 유일한 방법이란 사실은 만고의 진리이다. 달리 왕도가 없다. 독서가 거의 유일한 방법이라고 생각하면 된다.

독서 외에 다른 방법이 하나 더 있기는 하다. 그것은 좋은 글 베껴쓰기를 반복하는 방법이다. 어찌 보면 단순히 읽기만 하는 독서보다 필사라고 하는 베껴쓰기 과정은 몇 곱절 효과적이다. 유명 작가의 그림 따라 그리기를 반복하다 보면 그리기 실력이 하루가 다르게 나아지는 것을 실감한다. 글쓰기도 마찬가지이다. 어휘가 풍부하고 논리적인 글을 반복 필사하다 보면 자신도 모르게 일취월장 글쓰기 실력이 향상한다. 컴퓨터 자판을 이용하는 것보다 필기구로 한 글자 한 글자 노트에 직접 필사를 하면 효과는 배가된다. 필사 과정은 정독과 더불어 체득이 겸해지는 확실한 글쓰기 능력 향상 방법이다. 하루에 한 편씩 한 달만 필사를 해보면 스스로 깜짝 놀랄 변화를 체감할 것이라고 확신한다.

제목, 숫자 바꿔치기로는 안 된다

보도자료 쓰기로 예를 들겠다. 보도자료는 언론사에 제공할 목적으로 기관이나 기업이 작성하는 홍보용 글이다. 기관이나 기업이 작성한다는 것은 공무원이나 회사원이 작성한다는 것을 의미한다. 공무원이나 회사원은 엄밀히 따지면 기사쓰기 전문가가 아니다. 기사는 기자가 쓰는 것이고 기관이나 기업의 홍보담당자는 보도자료라고 하는 기사문을 작성해 기자에게 전달한다. 기자는 그 보도자료를 수정하고 보완해서 한층 완성도 높은 기사로 작성한다. 보도자료는 중간제품이고 기사는 완제품이라고 할 수 있다. 언론에 실린 기사는 보도자료보다 완성도가 높다고 할 수 있다. 즉 보도자료 쓰기를 배우고 싶다면 다른 공무원이나 회사원이 쓴 보도자료보다는 기자가 쓴 기사를 필사하는 것이 훨씬 효과적이다.

어느 날 홍보부서에 발령받아 근무하게 돼 보도자료 쓰기를 담당하게 됐다면 이유불문 기사 베껴쓰기를 반복 실행하라고 권하고 싶다. 조직 내 전임자가 작성한 보도자료를 베끼는 것은 언론에 보도된 기사를 필사하는 것만큼 효과적이지 못하다. 전 담당자가 컴퓨터에 저장해둔 보도자료를 꺼내 제목과 몇몇 글자만 살짝 바꿔 작성하기를 반복한다면 1년, 2년간 홍보업무를 담당해도 제대로 된 보도자료를 쓸 수 없다. 그렇게 어휘 바꿔치기 방식으로 100번을 작성하는 것보다 언론에 보도된 기사 베껴쓰기 단 한 번을 하는 게 실효적이다. 홍보부서에 수년을 근무하고도 제대로 된 보도문을 작성할 줄 모른다면 십중팔구 지난 보도자료를 꺼내 제목과 몇몇 어휘 바꿔치기 방식으로 일을 했다는 것을 스스로 증명하는 것이다.

베껴쓰기의 놀라운 효과

언론에 보도된 기사를 유형별로 필사하는 습관을 들이면 보도자료를 완벽하게 작성할 수 있게 되고 개인의 글쓰기 능력도 몰라보게 향상한다. 우선 짧은 글을 시작으로 점차 긴 글로 옮겨가며 수준을 높여 가는 것이 맞다. 보도자료의 경우, 사건기사, 행사기사, 인터뷰기사, 정책기사 등 유형을 달리하며 필사하면 기사문을 익히는 데 큰 도움이 된다. 기사 베껴쓰기를 통해 기사문 쓰기가 숙지됐다면 이후에는 사설이나 칼럼 베껴쓰기로 옮겨 타면 금상첨화다. 칼럼이나 사설은 언론사 내부에서 글쓰기에 숙련된 부서장급 이상의 기자들이 쓰거나 외부 필진의 경우, 글쓰기 실력과 논리적 사고력이 검증된 이들로 구성된다. 기사와 칼럼을 꾸준히 한 달만 베껴쓰면 보도자료 작성 정도는 '식은 죽 먹기'라고 스스로 말할 것이다.

한 가지 더 팁을 주자면 필사 훈련을 시작할 때 처음에는 이것저것 서핑하듯 필사하지 말고 하나의 글을 반복적으로 필사하는 게 좋다. 두 번, 세 번 필사를 한 후 머릿속에 기억나는 대로, 즉 외워진 대로 써보고 그것을 원본과 대조해 고쳐가며 다시 쓰기를 반복하면 효과 만점이다. 외워쓰기 훈련은 단순 베껴쓰기 훈련보다 탁월한 효과를 낸다. 외워쓰기를 할 때도 짧은 문장부터 시작해 점차 긴 문장으로 옮겨가면 효과가 커진다. 기사를 베껴 쓸 때도 방법은 같다. 처음엔 짧은 기사에서 점차 긴 기사로 옮겨가며 외워쓰기를 하고 익숙해진 후에는 칼럼이나 사설 외워쓰기를 하면 좋다. 글쓰기 능력 향상은 독서가 왕도지만 독서보다 효과 빠른 방법이 바로 베껴쓰기와 외워쓰기라는 점을 분명히 말해주고 싶다. 기자가 기사를 잘 쓰는 것은 많이 써봤기 때문이다.

48 내가 왜 기사를 써줘야 하느냐고?

모든 기자가 사이비는 아니다

보도자료를 언론사에 보내면 매체에 따라 조금씩 사정은 다르지만, 기관이나 기업에서 발송한 보도자료를 자구 하나 수정하지 않고 그대로 보도하는 매체가 종종 있다. 때로는 작성자가 실수한 오자나 탈자, 비문법적 표현까지 그대로 보도된다. 이런 상황은 대개 둘 중 하나다. 우선 마감 시간에 쫓긴 기자가 제대로 읽어보지도 않고 그대로 복사해서 올린 경우이다. 하지만 정상적인 언론사라면 부서장인 데스크를 거치면서 수정작업이 이루어지기 때문에 오자, 탈자, 비문법적 어구가 그대로 매체에 보도될 확률은 낮다. 혼자서 운영하는 1인 미디어라면 모를까 '기자-부서장-국장-편집기자-교열기자'로 이어지는 수차례 과정을 거치는 일반적 언론사라면 허술하게 그냥 보도될 리가 만무하다.

그러니 다른 이유로 해석할 수 있다. 그것은 기자가 기사작성 능력이 없어 기관에서 받은 자료가 잘못됐는지 스스로 알지 못하는 경우이다. '그럴

리가 있느냐?'고 반문할지 모르지만 그럴 리가 있다. 그것도 아주 흔한 사례이다. 기자가 무엇인지, 기사가 무엇인지, 언론이 무엇인지 알지 못하는 자가 교육 한번 제대로 받지 않은 채 언론사 등록하고 혼자 또는 소수가 엉성한 언론사를 운영하는 사례는 많다. 국민의 알 권리를 충족시키거나 공정한 사회 조성 등은 전혀 관심 없고 금전이나 이권, 권력에만 관심을 두는 이른바 사이비기자가 바로 이들이다. 사이비기자의 형태는 다양하다. 회사가 사이비언론일 수도 있고, 회사는 정상적인데 기자가 사이비 짓을 할 수도 있다. 기자가 사이비 짓을 일삼고 다니는 것을 회사가 알지만, 고용 관련 법규 때문에 정리하지 못하고 속병만 앓는 사례도 있다.

이유야 어떻든 자신이 작성한 보도자료가 수정 또는 보완되지 않고 그대로 매체에 실리면 작성자는 묘한 기분을 경험하게 된다. 자신이 기자가 된 것 같은 우쭐함이 생기기도 하고 한편으로는 오자나 탈자, 비문이 그대로 보도되면 언론을 얕잡아 보는 마음도 생긴다. 이런 마음 외에 또 한 가지 의문에 휩싸인다. "기관에서 써 보낸 보도자료를 그대로 복사해서 쓸 거면 그게 무슨 언론이야? 그리고 기사 밑에 기자 이름은 왜 달아? 기관 담당자가 쓴 글을 그대로 올릴 거면 기관명이나 기관 담당자 이름을 써야 하는 거 아냐?" 한마디로 '재주는 곰이 부렸는데 왜 돈은 되놈이 가져가느냐?'는 의문을 품는 것이다. 이런 의문은 당연할 수 있지만, 언론의 메커니즘을 이해하면 풀릴 수 있는 오해이다.

기자의 보도자료 옮겨쓰기는 단순 노동

앞서 제3장 '기자는 보도자료에 영혼을 담지 않는다'라는 글에서 밝혔듯이 기자는 보도자료를 작성해서 매체에 옮겨 담는 일에 큰 관심이 없다. 어차피 보도자료는 자신의 글이 아니라고 생각한다. 다만 기관과 언론사의 관계 유지를 위해 써야 할 글이라고 생각한다. 기획기사만 관심을 가질 뿐 보도자료 옮겨쓰기는 그저 잡무로 생각한다. 그래서 보도자료 기사에 기명하는 데도 관심이 없다. 그냥 관행이니까 적는 것뿐이다. 그래서인지 과거에는 보도자료 기사에는 기명하지 않았다. 그러다가 언제부터인가 보도자료도 기자에 의해 수정되고 보완된다는 점을 인정하면서 기명을 시작했다. 기명하면서 종전보다는 조금 더 보도자료에 신경을 쓰는 풍토가 생겨났지만, 여전히 기자는 보도자료 옮겨 적기를 단순 노동으로만 여긴다.

보도자료를 원본 그대로 옮기는 것은 기자의 직무유기다. 어떤 형태로든 자신의 색깔을 내서 각색해 각 매체에 옮기는 게 맞다. 보도자료를 기자가 각색해야 할 이유는 많다. 우선은 대부분 보도자료는 이 책에서 반복적으로 지적했듯이 속살이나 알맹이에 접근하지 못하고 눈에 보이는 껍데기 위주로 작성한다. 작성자가 기자가 아니므로 대부분 보도자료는 기자의 눈으로 세상을 보는 시각, 즉 저널리즘이 배어있지 않다. 기자가 저널리즘적 시각을 가미해 가공하는 과정을 거치는 것이 맞다. 기자가 가끔 그대로 보도자료를 쓰는 사례는 대략 세 가지 이유이다. 첫째는 보도자료가 완벽하게 작성된 경우이다. 고치면 오히려 글이 어색해질 정도로 완벽한 사례다. 둘째는 자료를 손볼 시간이 부족해 그냥 무성의하게 옮겨 적는 사례다. 마지막 셋째는 기자의 역량이 부족해 보도자료를 각색할 능력이 부족한 사례다.

글쓰기 능력이 부족한 사람이 글을 쓰는 것은 상상보다 부담스럽고 어려운 일이다. 특히 글쓰기의 달인이라고 하는 언론인에게 자신이 쓴 자료를 발송하는 것이 작성자는 매우 부담스러울 수밖에 없다. 그러니 체계적으로 생각해서 구도를 짜고 자신의 스타일로 글을 쓰기보다는 그저 지난 자료를 꺼내 그 틀에 맞추어 자구를 바꿔 만든 보도자료를 보내게 된다. 특히 공무원이나 일반 회사원은 서류를 작성할 때, 서술식(敍述式)[1]이 아닌 개조식(個條式)[2]으로 만드는 데 익숙해 있어 서술형 문장을 작성하는 데 두려움을 갖는다. 더구나 기사체는 한자문화권인 동아시아인에게 익숙지 않은 두괄식으로 써야 해서 두려움과 막막함이 곱절이다. 보도자료 한 건을 작성해 언론사에 보낸다는 것이 얼마나 고역인지 알 만하다.

서술식으로 글을 쓰는 습관

기관·기업이 작성하는 대부분 문서는 개조식이다. 오랜 시간 개조식 문서 작성에 익숙한 이들이 서술식 문서를 작성하는 일은 고역이다. 그래서 정책부서에서 홍보부서로 보도자료를 보낼 때 개조식으로 작성하고 알아서 보도자료 형식으로 수정해 달라고 부탁하는 사례도 많다. 홍보부서는 일이 많아 그런 부탁을 수용할 처지가 못 된다. 그들은 새벽에 출근해 각 매체에 보도된 기사를 스크랩하는 일부터 시작해 수시로 찾아오는 언론

1 전달하고자 하는 내용을 일정한 순서나 기준에 따라 자세하게 정리하여 적거나 말하는 방식
2 글을 쓸 때, 앞에 번호를 붙여가며 중요한 요점이나 단어를 짧게 나열하는 방식

관련 손님을 맞이하는 일, 기관장의 언론 인터뷰나 방송 출연 스케줄을 섭외하는 일까지 해야 할 업무가 넘친다. 각 정책부서에서 개조식으로 보내오는 자료를 기사 형식에 맞게 보도자료로 고쳐 쓰는 일까지 맡기면 그들은 감당하지 못할 것이다.

보도자료는 그 내용에 대해 가장 잘 알고 있는 담당자가 기사 형식에 맞춰 작성해 홍보부서로 보내는 게 맞다. 어느 조직이든 그렇게 업무를 나눠야 한다. 보도자료는 최초 작성자부터 기사문 형태로 만드는 게 원칙이다. 기자는 종일 많은 기관에서 엄청난 수의 보도자료를 받는다. 그 보도자료가 개조식으로 전달된다면 그걸 보도문으로 바꿀 여력이 없다. 특히 마감시간이 임박해 동시다발적으로 보도자료가 쏟아지고 긴박한 상황이 벌어져 처리할 시간이 없다. 보도자료가 매체에 실려야 한다는 전제하에 아쉬운 건 기관이고 담당자다. 기자는 아쉬울 것이 없다. 자료는 넘쳐난다. 다른 것을 골라 쓰면 된다. 이러한 구조를 이해한다면 "자료를 주면 언론이 기사를 작성해야지 우리가 왜 굳이 기사체로 보도자료를 작성해 주어야 하나?"라는 푸념은 하지 않을 것이다.

49
피해야 할 용어들

조심조심 또 조심

언어는 사회성을 반영한다. 사회의 변화는 언어의 변화를 동반한다. 유행어가 있고, 신조어가 있다. 유행어나 신조어를 잘 모르면 세상에 어두운 사람으로 취급당할 수 있다. 특정 세대나 특정 집단에서 일상어처럼 통용되는 용어가 다른 집단이나 세대에는 전혀 통용되지 않는 낯선 용어일 수 있다. 특히 인터넷과 모바일 통신이 생활 깊숙이 파고들어 유행어나 신조어, 줄임말 등은 날로 확대되고 있다. 통신의 발달로 인해 그런 말은 아주 빠르게 확산한다. 유행어는 단기간에 소멸하기도 한다. 연기처럼 사라져 '언제 그런 말이 있었던가?' 싶은 용어도 부지기수이다. 언어는 사회성을 갖기 때문에 새롭게 생겨나기도 하고 시나브로 소멸한다.

유행어나 신조어, 줄임말과 구분되는 은어나 속어도 많다. 특정인, 특정 직업, 특정 계층을 비하하는 시대착오적 용어들도 많다. 이 모두가 언론이 피해야 할 용어들이다. 언론은 사회의 공기로 담지 말아야 할 것을 담아선 안 된다. 교과서와 같은 공익성을 담보해야 한다. 언론보도문은 맞춤법이나 띄어쓰기에 적합해야 하고 내용도 보편적이고 상식적이어야 한다. 그래서 언론에 게재할 목적으로 작성되는 모든 글을 쓸 때는 특히 조심해야 한다. 매스커뮤니케이션인 언론은 한 번 발표되면 주워 담을 수 없을 뿐 아니라 그 파장이 너무 커 수습하기가 벅차다. 보도자료를 배포할 때는 용어 하나하나에 신경을 써가며 조심해서 잘못된 용어나 표현은 없는지 확인해야 한다.

가장 조심해야 할 부분은 금기어의 사용이다. 특정인을 얕잡아 일컫는 말이 대표적 사례이다. 한산 소곡주라는 민속주가 있다. 이 술의 맛이 좋다는 사실을 강조하기 위해 붙는 수식어가 있다. 한 잔, 한 잔 마시다 보면 나중에 일어서지 못할 정도로 취한다는 뜻으로 '앉은뱅이 술'이라고 한다. 언론에 절대 써서는 안 될 말이다. 앉은뱅이란 말은 지체장애인을 얕잡아 이르는 표현이다. 척추장애인을 '꼽추'라고 표현하는 것도 같다. 남편을 잃은 부인을 '미망인'이라고 일컫는 것이 예의 바른 표현이라고 생각하는 이들이 많은데 그건 잘못이다. '당연히 죽은 남편을 따라 죽어야 하는데 아직 죽지 않은 죄인'이란 표현으로 본인이 쓰기는 하되 남이 그런 표현을 사용하면 큰 결례이다. 본인도 그런 표현은 쓰지 않는 것이 좋다.

시각장애인을 '봉사', '장님', '소경' 등으로 표현하거나 언어장애인을 '벙어리', 청각장애인을 '귀머거리'라고 말하는 것도 모두가 잘못된 표현이다. 언론에 절대 사용해서는 안 되는 말이다. 과거 신문을 보면 뭔가 조화가 맞지 않는 상황을 '절름발이식'이라고 사용한 것을 본다. 지금은 사용하지 않는 표현이지만 간혹 대화 중 그런 표현을 쓰는 이들을 본다. 절대 안 된다. 과거 문학작품이나 영화 제목 등에서 '노트르담의 꼽추', '백치 아다다', '벙어리 삼룡이' 등과 같이 공공연히 장애를 얕잡아 이르는 표현을 사용한 것이 발견된다. 언론에 사용해도 되는 표현인 줄 알고 따라 쓰면 안 된다. 장애인을 친근하게 표현하기 위해 '장애우'라고 말하기도 하는데 '장애인'이라고 쓰는 것이 가장 정확한 표현이다.

일본식 한자 표현도 자제해야

이 밖에 쓰지 말아야 할 표현은 참으로 많다. '권력의 시녀'라는 말은 여전히 관용어구처럼 많이 사용되는데 '시녀'란 '지체 높은 사람의 가까이에서 시중을 드는 여자'란 뜻으로 신분제 사회에서 사용하던 말이다. 여성을 남의 심부름이나 하는 하찮은 존재로 인식하게 할 수 있는 성 차별적 요소가 있는 말이다. '막장드라마'라는 표현도 자주 사용하는데 이 또한 써서는 안 되는 말이다. '막장'은 '갱도의 막다른 곳'이다. 목숨을 걸고 갱도에 들어가 자원을 캐는 광부의 인생을 막장 인생이라고 표현하는데 이는 광부가 하는 일을 천대하는 표현이다. 특정직업을 얕잡아 일컫는 표현이므로 '막장'이라는 말도 공식 문서나 언론 등에 절대 사용해선 안 된다. 이렇듯 써서는 안 될 표현이 아직도 사회 곳곳에서 주의 없이 사용되는 사례가 많다. 언론은 특히 조심해서 이런 표현을 사용하지 않아야 한다.

영어를 국어와 혼용해 비문법적으로 사용하는 사례도 참 많다. 이를테면 '불균형한'이라고 표현할 말을 '언밸런스한'이라고 사용하는 것이다. 이 밖에 '특별하게'를 '스페셜하게'로 쓰거나 '독특하게'를 '유니크하게' 등으로 사용하는 사례를 자주 목격하게 된다. 한국어로 표현해도 무방할 말을 굳이 영어로 사용하는 사례는 차고 넘친다. 한자어지만 일본식 표현인 용어도 금지 대상이다. '애매하다'는 '모호하다', '수순을 밟다'는 '절차를 밟다', '진검승부'는 '끝장승부', '양식'은 '서식', '고참'은 '선임자', '망년회'는 '송년회', '유도리'는 '융통성', '곤조'는 '근성', '무데뽀'는 '막무가내', '뗑깡'은 '생떼', '쇼부'는 '흥정', '가라'는 '가짜', '단도리'는 '단속', '다마'는 '구슬' 등으로 표현하는 것이 맞다.

50
칼럼은 칼럼답게

시사성 있는 내용을 지식인의 독특한 시각으로

칼럼(Colum)의 사전적 의미는 '신문이나 잡지 따위에서 시사성 있는 문제나 사회의 관심거리 등에 대해 평한 짧은 기사'로 기록돼 있다. 신문과 잡지, 인터넷신문 등의 매체를 활용해 칼럼을 싣는 것은 세련되고 격조 있게 정책을 홍보할 수 있는 아주 좋은 수단이 된다. 하지만 칼럼은 세상을 보는 아주 독특한 시각과 함께 탄탄한 구성력, 세련된 글솜씨 등을 갖춰야 하는 어려운 글이다. 칼럼을 '2000자의 예술'이라고 표현하고 싶다. 매체마다 또는 코너마다 다소의 차이는 있지만, 칼럼은 대략 2000자 전후로 쓴다. 형식은 스트레이트가 아닌 기-승-전-결 방식을 주로 이용한다. 칼럼은 지식인의 독특한 시선을 독자에게 제시해 생각의 범위와 각도의 다양성을 제공해 줄 수 있어야 한다.

그래서 시사성 있는 사건을 소재로 하는 것이 일반적이다. 일례로 세월호 침몰 사건이 발생했을 때 수개월 동안 모든 매체의 칼럼은 세월호와 연관된 내용이었다. 그 파장이 워낙 컸기 때문에 사회의 모든 현상은 세월호 침몰과 연결되었다. 분야별 지식인은 사건을 통해 드러난 이 사회의 구조적 문제점을 자신의 전문 분야 안목으로 조목조목 비판하거나 사회 전체의 각성을 요구하는 내용을 담았다. 사건을 계기로 사회 전체의 시스템을 바꿔야 하고, 의식을 바꿔야 한다는 내용이 주류를 이뤘다. 세월호 사건뿐 아니라 사회적 파장이 큰 대형사건이 발생하면 그 사건을 통해 세상이 어떻게 바뀌어야 할지 지식인은 자신의 견해를 제시한다. 삼척동자도 다 아는 뻔한 얘기를 담으면 진정한 칼럼이라 할 수 없다.

뻔한 내용을 담으면 안 된다고 강조한 것은, 신문을 읽다 보면 어떠한 철학도 담겨 있지 않은 수준 이하의 글이 칼럼 코너에 실려 있는 것을 자주 보기 때문이다. 메시지가 없는 칼럼은 주로 기관장 칼럼인 경우가 많다. 기관장 칼럼은 세상을 보는 전문가 또는 지식인의 시각이 담겨 있지 않고, 대개 소속 기관의 업무를 노골적으로 홍보하는 내용이다. 본인이 집필하지 않고 비서실이나 홍보부서 직원이 대필하니 철학이 담길 수 없다. 기관장은 대필자가 쓴 칼럼을 감수만 해서 자신의 이름으로 언론사에 발송한다. 기관장의 얼굴을 언론을 통해 많이 알리고 싶은 하급자의 충성심만 보일 뿐 전문가다운 견해가 보이지 않는다. 애초에 칼럼을 쓰고자 하는 목적도 정책홍보보다는 기관장 홍보에 방점을 두기 때문이다.

대중을 향해 깨우침을 안겨야

좋은 소재를 잡아 칼럼을 칼럼답게 쓰면서 정책을 제대로 홍보할 수 있는 길은 얼마든지 있다. 각 기관이 시행하는 사업에 진정한 의미를 부여하고 주민에게 어떤 실효적 이익이 되기를 바라고 이 정책이 마련된 것인지에 대해 논리적으로 설명하면 된다. 특히 사회 전체의 이슈인 사건이 발생했을 때는 그 사건과 연관 지어 정책을 설명하면 좋다. 전혀 연관성이 없을 것 같지만 세상 모든 일은 어떤 식이든 연관성이 있다. 그걸 찾아야 의미 있는 칼럼을 쓸 수 있다. 비판이나 성찰의 내용이 담겨야 읽는 이들이 공감한다. 기관이 고민하는 사안을 솔직하게 적고 '더 고민해서 주민에게 최대의 혜택이 돌아가게 하겠다.'는 내용을 담으면 무난하다.

기관장이나 고위간부가 칼럼을 통해 정책을 소개하는 것은 참 좋은 홍보방법이지만 형식이나 내용이 칼럼답지 못하면 매체의 질만 떨어뜨릴 뿐이다. 물론 그런 홍보는 효과도 작다. 칼럼은 비교적 까다로운 글이다. 언론사에서도 필력이 있는 이들만 필진으로 참여한다. 그렇게 어려운 글인데 준비가 되지 않은 이가 글자 수만 맞춰 쓴다고 해서 칼럼이라고 할 수 없다. 앞선 글에서 밝혔듯이 칼럼 쓰기를 배우려면 좋은 칼럼을 베껴 쓰며 실력을 연마하고 칼럼이라는 독특한 글의 내용과 특성을 체득해야 한다. 몇 편의 좋을 글을 베껴 쓰고, 외워쓰기를 반복하다 보면 칼럼을 쓸 수 있다. 칼럼의 형식과 내용을 익히는 것이 우선이다.

일반적인 수필과 칼럼의 차이는 비판적 시각의 유무이다. 수필은 일상에서 느끼는 감상을 주로 적지만 칼럼은 여기에 더해 세상을 바라보는 지식인다운 독특한 시각으로 대중에게 깨우침을 주어야 한다. 그냥 일상의 감정을 적는 수필이라면 문학 잡지나 개인 문집에 싣는 게 맞다. 언론매체의 칼럼 코너에는 칼럼다운 칼럼을 실어야 한다. 가끔 신문 칼럼 코너에 메시지가 전혀 담겨 있지 않은 일기 같은 글이 눈에 띈다. 매체의 홍수, 기자의 범람 속에 비슷한 기사가 수백, 수천 건 인터넷에 떠돌아다닌다. 이제 미디어 콘텐츠의 질적 차이는 기사가 아닌 칼럼을 통해 가려진다. 칼럼을 그저 2000자 안에 기관홍보용으로 주어지는 팁이라고 생각하면 오산이다. 칼럼은 칼럼답게 써야 한다.

홍보야 울지 마라

1판 1쇄 발행 2020년 6월 19일
1판 2쇄 발행 2021년 10월 22일

지은이 김도운
펴낸이 백미옥
펴낸곳 리더북스
출판등록 2004년 10월 15일(제2004-000132호)
주소 경기도 고양시 덕양구 지도로 84 301호(토당동, 영빌딩)
전화 031)971-2691
팩스 031)971-2692
이메일 leaderbooks@hanmail.net

ISBN 979-11-90616-06-5 03070
잘못 인쇄된 책은 서점에서 바꾸어 드립니다.